全面提升企业执行力 打造最优秀的执行者

做最优秀的执行者

王 平◎编著

光明日报出版社

图书在版编目（CIP）数据

做最优秀的执行者/王平编著. —北京：光明日报出版社，2008.11

（光明企业培训文库）

ISBN 978-7-80206-788-2

Ⅰ.做… Ⅱ.王… Ⅲ.企业管理－职工培训 Ⅳ.F272.92

中国版本图书馆CIP数据核字（2008）第161561号

书　　名：做最优秀的执行者

编　　著：王　平

出 版 人：朱　庆

责任编辑：程　智　　　　　　　　　版式设计：曾桃园

责任校对：徐为正　　　　　　　　　责任印制：胡　骑　宋云鹏

出版发行：光明日报出版社

地　　址：北京市崇文区珠市口东大街5号，100062

电　　话：010-67078234（咨询），010-67078945（发行）

　　　　　010-67078235（邮购），010-67078242（团购）

传　　真：010-67078227，67078233，67078255

网　　址：http://book.gmw.cn

E-mail：gmcbs@gmw.cn

法律顾问：北京昆仑律师事务所陶雷律师

印　　刷：北京新丰印刷厂

装　　订：北京新丰印刷厂

本书如有破损、缺页、装订错误，请与本社发行部联系调换

开本：720mm×1010mm　　1/16

字数：200千字　　　　　　　　印张：13

版次：2008年11月第一版　　　印次：2008年11月第1次印刷

书号：ISBN 978-7-80206-788-2

定价：26.00元

前言
Preface

　　中国改革开放30年涌现了无数的时代弄潮者，许多企业如流星般转瞬即逝，有些还未成形便已夭折，有些红极一时，又迅速走向瓦解。造成这种现象的原因错综复杂，但我们看到，很多企业因为执行环节薄弱而失败，也有一些企业却一路如履薄冰地摸索过来，渐渐成长为国际知名的企业，让世人瞩目。海尔、联想、华为、海信……在他们的成功背后，有着强大的团队执行力支撑。在他们的内部，凝聚着一批优秀的执行者，他们对于卓越孜孜以求。

　　海尔的杨绵绵，联想的马雪征，华为的孙亚芳，海信的于淑珉……没有他们坚定不移地贯彻和执行，张瑞敏、柳传志、任正非、周厚健这些决策者的宏图战略就不能转化成为企业带来巨大发展的力量。

　　他们用自己的能力为企业带来发展，也让自己的事业和人生达到常人难以企及的高度。他们是最优秀的执行者的代表。

　　中国的企业需要不折不扣的执行者。无论什么时候，企业都在寻找像坚决服从决策，注重效率和结果，主动创新的卓越的执行者。

　　在当前市场竞争日趋激烈的环境中，在大多数情况下，企业与竞争对手的差别就在于双方的执行力。如果对手在执行上比你做得好，那么它就会比你领先。

　　执行力是优秀企业的成功资本，也是优秀员工的成功资本。要想实现远大的梦想和抱负，首先要培养自己的执行能力和素质。只有拥有出色的执行力，才能为企业带来利润和发展，你才能成为企业中不可替代、举足轻重的人物。只有这样，你才能向个人的成功不断迈进！

而执行力究竟是什么？

简单地说，执行力就是执行上级分配的任务，并保质保量完成任务的能力。但知易行难，如何让枯燥空洞的理论变得简单易懂，如何改变一味地说教，为读者提供具有可操作性和示范性的执行思维和方法，这也是本书要探索和解决的问题。

在本书中，我们首先阐释了执行力在企业发展过程中的重要性，强调了优秀的执行者对于企业发展的作用和贡献。然后我们着重针对当前企业中普遍存在的员工执行力存在这样或那样的问题，工作效率不高的现状提出解决的意见和方法，并结合中外知名企业的经典案例加以讲述，以帮助读者尽快找到提升个人执行力的有效途径。通过阅读本书，你将领会执行力的真正含义，充分掌握利用现有资源达到自己目标的思维和能力。

愿本书能给读者带来启示。

目录
Contents

第一部分 执行力高于一切

1

第三部分　做好执行的每一个环节

第四部分 优秀执行者的成功素质

第五部分　优秀执行者的工具箱

执行力高于一切

第一章
企业需要优秀的执行者

▶ 优秀的战略还需优秀的执行

　　执行力到底有多重要？我们看到满街的咖啡店，唯有星巴克一枝独秀；同是做PC，唯有戴尔在全球市场上独占鳌头；都是做超市，唯有沃尔玛雄踞零售业榜首。很多企业的经营理念和战略大致相同，绩效却大不相同，道理何在？关键在于执行力！思科公司，在网络设备方面拥有垄断技术，但公司的总裁却认为公司的成功不在于技术，而在于执行力。

　　执行力对个人、对企业、对任何一个组织乃至对一个国家来讲，都是一种竞争力。没有执行力，任何伟大的战略，任何远大的规划都是一纸空文。20年前，中国的市场刚刚苏醒，一个又一个企业随之萌生，但是很多企业像划过天际的流星，只留下了瞬间的光彩，之后便归于沉寂。有多少家曾经叱咤风云的企业留给了中国企业界恒久的痛，它们的失利似乎有着某种内在的联系，就像吴晓波先生在《大败局》中探讨的，有着共同的"失败基因"。

　　那么，这种失败基因究竟是什么呢？

　　那就是——执行不力！

　　很多人常常把企业的失败归结于战略的问题，从表象上看来确实如此，那是因为很多优秀的符合市场规律的战略却因为失败的执行力而使公司遭受惨败，归根到底其实是执行力的问题。施乐公司就曾经有这么一个典型的案例。

1997年，施乐公司陷入战略发展的困境。当时IBM总裁郭士纳麾下的重要人物理查德·托曼被邀请担任施乐公司CFO，托曼是一位很有思想的人，在美国被认为是一位颇受尊重的战略家。施乐公司聘请托曼是希望他能够为公司带来变革，帮助施乐走出困境。托曼没有让人失望，在担任CFO期间，他发起了一系列重要的成本削减计划，其中包括解聘一批员工，减少红利支出和商务旅行的费用等，为公司实施新的战略打下了非常好的基础。

两年后，托曼被提拔为施乐的CEO，他为公司制定了新的发展目标——将软件、硬件和服务结合起来，帮助客户整合纸面文件和电子信息流。

对于当时内部机制尾大不掉的施乐公司来说，托曼的整合资源举措无疑是非常明智的。媒体预测，施乐公司未来一年的收益将达到5～10个百分点，施乐的股价因此一路上升。在1999年的年度会议上，托曼也亲口告诉股东们："公司已经做好充分准备，一个新的成功时代就要来临。"

在具体的转型战略中，托曼提出了两个至关重要的方案，一个是将公司的90多家管理中心——主要负责账目处理和客户服务——合并为4家。这将大大精简流程，削减运作成本，并提高效率。另一个就是要组建一支3万人的销售大军，由原来的以地区为单位转变为以行业为单位进行销售。这将为施乐公司转向为客户提供解决方案铺平道路。两个提议都非常重要，而且非常必要。

但托曼制定的完美战略在具体的执行中遭遇惨败。

在实施合并方案的过程中，人员调动较大，执行出现空缺，许多订单遗失，甚至服务电话也无人应答。而销售方案中销售代表们也被迫花很多时间去适应新的工作方式，由于客户对象发生了变化，他们不得不建立一套新的客户关系，不可避免地疏远了以前的许多忠诚客户。

托曼的计划没有得到有效的执行，反而打破了公司原先的局面，整个公司的士气开始下落，运营过程中的现金流开始变为负值。公司的股票价格由64美元跌落到7美元，公司被迫出售了一些子公司。2000年5月的时候，托曼被迫辞职。

　　表面上看，施乐公司是因为实施托曼提出的一系列举措而遭遇惨败，而事实上，托曼的战略是被媒体以及业内人士都十分看好的。施乐公司内部长期以来形成的俱乐部文化引发的执行力缺失才是导致公司转型失败的关键原因。正如托曼指出的那样，他没有权力指挥公司的队伍。试问一个懒散懈怠的组织如何能完成如此重大的企业变革？托曼的失误不在于战略的错误，而在于没有把公司的执行力上升到战略高度，为此他也付出了惨痛的代价。

　　执行力是企业走向成功的必备能力之一，更是一种思维方式、行为习惯和企业生存态度。对于企业来说，要想在市场中站稳脚跟，要想在竞争中占有自己的领地，最重要的不是有多么远大的目标，而是向着企业的目标立即行动起来。这种"行动起来"就是执行的能力。只有具备执行力，才能把优秀的战略变为现实。

　　IBM在发展的进程中也曾经陷入困境，后来通过提高执行力而东山再起，重新占据市场的领头羊地位。

　　1993年郭士纳入主IBM的时候，公司已是四面楚歌，处于风雨飘摇的境地。1994年底，郭士纳任CEO满一年时，公司累计亏损额达150亿美元，超过前三年亏损总和，IBM市值也从1050亿美元暴跌至320亿美元。

　　那么，郭士纳后来是如何力挽狂澜，使IBM东山再起的呢？

　　1993年到任之初，他就向公司阐明了自己的管理哲学：按原则而不是按程序实施管理，以市场为导向，迅速行动；注重解决问题；清除政客式人物；坚信质量、竞争战略、团队合作、绩效工资和商业道德的价值。他要求企业的管理者和经理人都要具备三个特征：明确业务核心、卓越的执行力和优秀的领导艺术。

　　具体来讲，他做了四件事情：一是重组公司结构；二是重塑品牌形象；三是建立以业绩为导向的激励机制；四是向服务转型。

　　郭士纳的变革主张统统指向一个方向——执行力！郭士纳不仅提出了自己的主张，并且亲自参与其中，率先表现出了领导人身上非凡的执行力。在他的带领下，IBM东山再起，成为成功实现战略转型的全球知名大公司，到1998年底，IBM已经完成了18000项电子商务业务，从中获得了820亿美元的收入。

同样优秀的战略，只有具备强大执行力的企业才可以取胜。执行力对于战略的实现、对于企业的发展的重要程度已不言而喻。

执行力是当前每个企业面临的突出问题，是构成企业竞争力的基本因素。再好的战略离不开优秀的执行力，再顶尖的企业也要保持强大的执行力，否则将在市场的竞争中走向衰落。在当今时代，企业的生命在于效率，而效率的产生在于执行。执行力已成为当今企业效率之源、成功之本。

功利时代的企业执行之痛

随着经济的迅速腾飞和商业社会的不断进步，功利主义得到了复苏和崇拜。在这个过分张扬个人权利、功利主义泛滥的时代，人们对于价值的判断标准变为：一种行为如果能为自己带来好处，就是正确的，就是值得去做的；如果一件事情将会带来一些不好的东西，那是万万不可去做的。当然，这样本无可厚非，但是，当名气、金钱，虚荣心、物质这些杂七杂八的"功利"混合在一起的时候，如果一味坚持这样一个判断事物的标准，将会导致集体利益的丧失。

商业社会是理性和投机并存的世界。中国社会的转型让潘多拉的盒子打开了，各种各样令人眼花缭乱的机会飞了出来，人们的心态变得浮躁和急功近利。急功近利的心态也深深地影响了企业的执行力。一夜暴富的神话就在身边，很多人都期盼着明天它就降临到自己头上。企业的管理者、领导者在这种心态下作出的决策也十分毛躁，任何决策都希望立马见效，恨不能下一秒就能带来利润。

领导者如此浮躁，基层员工也难耐各种机会主义思潮的侵袭。中国改革开放30年，一路走来，总是不断在释放机会，不断点燃着人们的欲望。企业家整天想暴富，员工一心想速成。在财富和机会仿佛唾手可得的时候，很少有人去考虑怎样踏踏实实地去做一些看上去很平常却很有效的事情。所有人都无心、无意关注真正的落实。领导者的好大喜功，员工的好高骛远，导致了落实不力。领导者在决策上的盲目扩张，员工在落实上的眼高手低，极大地影响了组织共同利益的追求！试想，这样的组织怎会成功？这样的组织只会离真正的"功"和"利"越来越远！

很多企业正在遭受着这样的执行之痛。功利主义的盛行在相当程度上"窒息"了现代企业的发展。人人追求功利，造就了一个浮躁、平庸、沉重的环境。个人利益高于一切，社会责任感、集体荣誉感丧失，社会、组织的共同利益越来越被忽视，组织的共同责任无人承担。在一个企业的发展中，没有责任感就没有执行力，没有责任感就没有企业的发展。中国的企业欲做大做强，要在执行力上下工夫；欲打造强大有效的执行力，就必须端正心态，摒弃浮躁，以组织利益作为最大的追求目标，这样才能激发组织的动力，拉动企业前进。

企业需要不折不扣的执行者

海尔总裁张瑞敏在比较中日两个民族的认真精神时曾说："如果让一个日本人每天擦桌子六次，日本人会不折不扣地执行，每天都会坚持擦六次；可是如果让一个中国人去做，那么他在第一天可能擦六次，第二天可能擦六次，但到了第三天，可能就会擦五次、四次、三次，到后来，就不了了之。"

执行力的核心是人。只有拥有了执行力强的人，组织才能拥有强大的执行力。企业需要执行力，其实需要的就是执行者，不折不扣的优秀执行者。世界上最成功的企业无一不是拥有着不折不扣的执行者，所有优秀的企业都致力于打造一支具有强大执行力的队伍和组织。

戴尔的成功在业界是有目共睹的，但是它成功的秘诀是什么呢？大家都在解读戴尔，对手也在模仿戴尔。时至今日，有谁真正读懂了戴尔？如果仅仅知道直销，充其量也只能算是知道了戴尔成功的皮毛，只有知晓了戴尔超强的执行力，才算是触及戴尔成功的灵魂。下面我们就看一下戴尔是怎样培养员工的执行力的。

一、用数字说话

2005年初，戴尔在发布上个财年收入达到354亿美元的同时，就对外宣布公司要在2006年达到600亿美元的规模——这意味着戴尔公司定下的增长速度是市场平均增长率的3倍。这些几乎难以企及的数字并不是对外界喊出的漂亮口号，而是戴尔公司必须采取行动去达到的确切目标。戴尔的工作都是用数字来表达的，每一天必须完成任务的几分之几、产品的质量必须达到怎样的标准，戴尔的员工脑中都有一个明确的数字。

二、双主管制

戴尔通过多种机制对经理人的管理行为进行修正，以保障执行力准确无误地贯彻。比如，在关键岗位采取双重负责制，即重大决策必须由两个主管作出一致决定时方能实施。这种共同决策的方式既可以发挥双方的优势，又可以避免各自的不足，并在工作出现失误时共同承担责任。

戴尔实行这种双主管制的关键在于：权限虽然重叠，责任却一定分明。经理人员必须一起督促他们所共同管理的员工，也要分摊最后的表现结果。这其实是一种制衡的系统，权责共享不但能成就共荣的态度，鼓励合作，还能使得全公司共同分享不同的观点与创新意识。

三、务实

销售人员加入戴尔正式上岗后，企业并不会马上让他挑起大梁，还会安排一位老员工在工作甚至生活方面进行指导。这一做法在戴尔内部称为"导师制"。这种务实的作风当然也与戴尔朴实无华的企业文化息息相关。

戴尔将执行能力作为企业的核心竞争能力，它要求企业中的每一个员工都必须具备强有力的执行能力。无论企业给你下达什么任务，你要做的，就是去执行并完成它，不要找任何理由来说明自己做不到。戴尔正是凭借着公司严格的执行文化和员工不折不扣的执行力，才成为行业的领跑者。

企业的生存和发展离不开优秀的执行者。如果没有人将决策者的思想和战略不折不扣地执行下去、贯彻下去，再伟大的设想也只能是空想。就比如海尔副总裁杨绵绵，没有她将张瑞敏的思想不折不扣地执行下去，那么张瑞敏的思想只能成为空谈。企业的发展需要优秀的决策者，同样需要不折不扣的执行者。当前，执行力已经被越来越多的企业所重视。无论什么时候，企业都在寻找积极主动、不折不扣地完成任务的优秀执行者。

▶ 罗文：执行的最佳典范

罗文，就是那个在美西战争期间，置生死于不顾，冒着纷飞战火完成使命的英勇士兵，他的卓越事迹堪称执行的最佳典范。

首先我们要从"把信送给加西亚"的著名故事说起。

故事发生在美西战争期间，那时候，西班牙军队已经占领了古巴，而后，战火不断蔓延。出于战略上的考虑，美军统帅部必须与古巴抵抗入侵者部队领袖加西亚将军取得联系，这样好联合作战，便于掌握战争主动权。当时，古巴战局十分紧张，加西亚将军所领导的抵抗军队面对强大的西班牙占领军，不得不隐匿于古巴的深山峻岭，行踪不定。美国最高统帅部之中没有人知道加西亚将军确切的驻扎地，也没有人知道如何才能与加西亚将军取得联系。整个抵抗军队几乎与世隔绝。况且，美国与古巴之间，隔着一条波涛汹涌的海峡，没有陆地通道可以往来。强大的西班牙海军军舰昼夜巡视在海峡上，封锁了整个海峡，虎视眈眈地盯着每一艘可疑船只，想与加西亚将军取得联系谈何容易。

海峡上空，战云密布；统帅部内，情绪焦灼。麦金利总统下达命令：不论采用什么办法，必须将我的亲笔信尽快送给加西亚将军本人，以取得古巴抵抗军的配合。将军们面面相觑，无计可施。他们的心里都明白，在此战况之下，想与加西亚取得联系，实在如同大海寻针一般。更何况要越过一道封锁严密的宽阔海峡，且不说路途之中设有多少关卡，单单是在混乱的古巴土地上发生一个微小的失误，就足以让负有这个重大使命的人员落入占领军之手，而使这个行动遭受致命的打击。然而，他们又都明白，统帅部的命令岂是儿戏，要知道那可是总统麦金利亲自作出的决定。就在将军们沉默无语、面有难色之时，一个声音响了起来："我相信有一个人一定能够完成这项使命。"麦金利总统抬起头，看着说话的人问："请告诉我他的名字。""这个人叫安德鲁·罗文，他有一种常人不具备的能力与毅力。我相信，如果有什么人能够完成这项使命，那就非他莫属。"一个将军大声报告说。

于是，总统急速下达了调请罗文的命令，请来了罗文，并郑重交给他一封给加西亚的亲笔信。

罗文感受到了这封信的非同寻常，双手接过这封信，然后用油纸密封好，贴身藏在了自己的胸前，就开始了他的充满艰险和传奇色彩的征程。他先是在纽约乘英国的"安迪伦达克"号轮船绕过古巴海域，来到中立国牙买加。而后，又设法取得了设在牙买加的古巴军队联络处的帮助，在一个深夜偷渡过海，从牙买加进入古巴东部。然后，又在布满西班牙占领军的古巴土地上，小心翼翼地横穿了大半个处处充满危机的岛国。途中，他遇到好几次致命的危险，如果不是他具有超人的机警与镇定，他恐怕要死上好几次。

罗文最终成功了，他按统帅部的要求亲自把麦金利总统的信件交到了加西亚的手中，并成功地返回了美国。传奇一般的事迹为他赢得了巨大的荣誉。美军陆军总司令因此为他颁发了奖章，并给予他极高的评价：罗文的不朽功绩，是美国军事史、战争史上最具冒险性和最能表现军人优秀品质的光辉典范。

之所以说罗文是最佳执行的典范，是因为他身上有以下几个闪光点：立即执行、忠诚、尽职尽责。

亲爱的读者，现在你不妨想一想：

假设你是罗文，你被授予一个这样艰巨的任务，你会平静地回答"是，长官"吗？

不会！因为你很可能满头雾水地看着上司，并提出一系列的问题：

加西亚的年龄多大？

加西亚有什么特征吗？

你可以告诉我他现在的具体地点吗？

这个国家在打仗，是否非常危险？

我到哪里去找他呢？

这是我的工作吗？

为什么不叫彼得去呢？

这封信非常紧急吗？

我有多少时间？我有多少经费？

……

　　你问这些问题，是想减轻工作的难度系数，你并没有立即执行，你也没有自动自发地去了解你所接受的任务。要知道，这些问题其实在你的职责范围之内，因为执行并不是当上司明明白白地告诉你一件事情之后，你简单地去做些跑腿儿的体力劳动。但罗文没有这样，他没有在接到信的时候问长问短，而是在接到任务的那一刻就展开了思考探索和冒险的旅程。

　　罗文有明确的目标，他知道自己的使命何在。这一目标清晰明确，他把它牢记在心，绝不让它变得混乱模糊。他受过良好的教育，作为一名训练有素的军官，他知道自己该如何完成任务。他同时还是一名出色的战士。当然，他拥有强健的体魄。他绝不会被前进道路上的拦路虎所吓倒，也没有任何事可以阻止他完成使命。

　　除了拥有强大的执行能力，罗文还拥有作为一个卓越执行者的优秀素质。

　　罗文此去肩负着一个机密的任务，如果他在半路稍有二心，或是不慎落入敌人手里，这个秘密就可能被发现，他也将面临忠诚的考验。因为他单枪匹马，没有任何的同伴，他一路会很轻易地碰到西班牙的士兵，如果罗文不够忠诚，他很可能拿着这封信去邀功领赏，换来巨额财富。但他没有，他忠贞不贰地完成了最后的任务，没有任何闪失。我们应该为他的忠诚叫好，也应该为他的表现喝彩。

　　安德鲁·罗文还具备一个成功的素质——尽职尽责！他历尽艰辛完成任务，所做的一切只是出于对祖国的热爱，而丝毫不考虑自己会不会为此赢得殊荣。

　　企业急需像罗文这样的人才，你是否愿意像罗文一样努力工作，鞭策自己去完成上天赋予的使命？

　　你是否也该从此向罗文学习，做一个优秀执行者的典范？

第二章
执行力决定成败

➤ "想"和"干"哪个更重要

美国GE（通用电气公司）前总裁杰克·韦尔奇曾经说过："一旦你产生了一个简单而坚定的想法，只要你不停地重复它，终会使之变成现实。"

光想不做的人缺乏行动力和执行力，这样的员工是没有价值的。执行力就是要动起来、跑起来，没有行动的能力和实践的能力，再好的想法和创意都不可能产生影响力。

对于每一个企业来说，能想出金点子来的员工的确很受欢迎，但是光想不干等于零，GE公司看重的是员工落实点子的能力，而不是能想出多少好点子。"你做了多少"是GE公司评价员工的核心观念。

新员工进入GE公司，公司会在员工的入厂教育中告诉他们：在GE公司的文化中，"你做了多少"是最重要的。不论你是哈佛大学的高才生，不论你有多么出色的计划，一旦进入GE公司，我们只关注你们的成绩，只关注你们做了多少。每个员工都必须认识到这一点。从现在开始，衡量员工的标准是他在GE公司的成绩，员工的表现比他提出的好意见更重要。

有这样一则古老的寓言：某地的一群老鼠，深为一只凶狠无比、善于捕鼠的猫所苦。于是，老鼠们聚集一堂，讨论如何解决这个心腹大患。老鼠们颇有自知之明，并没有猎杀猫儿的野心，只不过想探知猫的行踪，好作防范。一只老鼠的提议引来满场的叫好声，它提议在猫的身上挂一个铃铛。

在一片叫好声中，有一只很不识时务的老鼠突然问道："那么谁来挂铃铛？"

不难理解，这是一个讽刺"坐而言"未必能"起而行"的寓言。美国某商学院的教授把这个寓言搬进了讲堂，学生们反应热烈。有的建议设好陷阱，让猫踏上后，自动缠在脚上；有的建议派遣敢死队，牺牲小我，保全大家；更有甚者宣称干脆下毒饵了事，以绝后患。这是一个没有结论的讨论，因为没有一个人想着去实践。讨论结束时，教授留下一句话："为什么从来没见过被老鼠挂上铃铛的猫？"

把想象力和创造力落实到具体的工作中，远比绘声绘色地描述更加重要。工作中，再漂亮的语言都是苍白的，只有行动最有说服力。任何成就丰功伟绩的成功之人都是"行动上的巨人"，而不是"思想上的巨人"。任何个人和组织，要想取得优秀的成绩，光有好的计划是不够的，重要的是做。马上行动，让理想变为现实。

▶ 没有执行力的"烂苹果"会被无情剔除

在2003年评选出来的最具影响力的企业领袖中，排名第17位的平安保险公司董事长马明哲在谈到对执行力的体会时说："所谓的核心竞争力是什么？就是执行力。我们可以问两个问题：第一，什么是核心竞争力？第二，你的核心竞争力是什么？答案都是——执行力。"

这是马明哲领导平安保险公司的一个最重要的理念。他同时提到了企业中的一种怪圈现象，即企业的高层怪中层，中层怪基层，基层怪中层，中层反过来又怪高层，形成一个推诿扯皮的怪圈，却没有一个人真正去负责，保质保量地做好自己的工作。

马明哲说的企业"怪圈"现象，其实就是没有一个人在检讨自己是否保质保量地完成了工作。执行力最简单的定义是什么？培训师余世维说：执行力就是保质保量地完成自己的工作和任务的能力。请注意四个字：保质保量。在领导提出工作的任务和要求后，如果我们能够保质保量地完成它，就叫做执行力。

执行力差不仅是基层员工的问题，而是每一个层级都存在的问题。今天无论是企业高层、中层还是基层员工，无论是政府官员还是企事业单位员工，如果不能保质保量地完成自己的任务，那么他的执行力就有问题，都将面临被淘汰的危机。

宁夏吴忠市2007年10月中旬开展了规模浩大的城乡环境综合整治行动，吴忠市领导人立志要打造一个"干净"的吴忠。历时数月，一个"干净"的吴忠初显端倪。当运输车将堆积在利通北街中华巷的6000吨建筑垃圾运完时，巷道的居民乐了："我们终于摘掉了'垃圾巷'的帽子，这环境整治来得真好。"城市如此，乡下也不例外。记者在青铜峡、红寺堡乡下采访时看到，村民都在清理着各自区域的卫生，门前的树修理了、厕所拆了、柴草挪掉了，用他们的话说："眼睛豁亮多了。"

环境整治取得如此亮眼的效果，政府的执行力度成为媒体关注的亮点。市委、市政府指出，此次整治不是简单的清理工作，而是以此为契机改善投资环境、提升吴忠市整体形象的民心工程，意义重大，一定要保证执行力度，杜绝阳奉阴违、敷衍塞责等行为。在此次城乡环境综合整治中，有3名官员因执行不力而被免职。

任何单位、任何企业要发展壮大，必须在每一个环节和每一个阶段都做到一丝不苟，否则，就会像烂苹果迅速使箱子里的其他苹果也腐烂一样，一个环节、一个岗位、一个人员出了问题，也影响其他的环节，使企业也被慢慢腐蚀掉。

企业中执行不力的"烂苹果"，将会被无情剔除。否则，企业无法变强。

让我们看一下通用电气公司的首席执行官杰克·韦尔奇是怎样对待公司中的"烂苹果"的："每年，我们都要求每一家GE公司为他们所有的高层管理人员分类排序，其基本构想就是强迫我们每个公司的领导对他们领导的团队进行区分。

"他们必须区分出：在他们的组织中，他们认为哪些人是属于最好的20%，哪些人是属于中间大头的70%，哪些人是属于最差的10%。

"如果他们的管理团队有20个人，那么我们就想知道，20%最好的四个和10%最差的两个都是谁，包括姓名、职位和薪金待遇。表现最差的员工通常都必须走人。"

执行力不仅是企业的核心竞争力，也是员工的核心竞争力。有执行力的企业会在市场竞争中获得成功，有执行力的个人会获得事业的成功。企业要发展、要强大，必须打造企业执行力；个人要生存、要飞跃，同样要提升个人的执行力。只有拥有强大的执行力，才不会被时代淘汰，才能向个人的成功迈进！

员工执行能力的五大误区

执行能力分为心态能力和技术能力，偏废任何一方都会造成执行力的丧失。个人拥有的技能强弱，可以决定其工作态度的积极与否；一个人的工作态度，又会影响个人能力的发挥。要做有执行力的员工，就必须从这两个方面的培养入手。能力的培养与态度的端正是不分先后、不分主次的。

在当前企业中，员工执行力之所以成为企业的困扰，多是因为员工在执行任务的过程中走进了以下几个误区：

一、心态误区

1.自以为是。总认为上面的决策是不合理的，在执行过程中喜欢按自己的意思去改动，结果一级一级地改动下去，最后导致了执行的完全失真。

2.爱找借口和推卸责任。出了问题就怪团队、怪环境、怪条件差，动不动就是"都是某某的错"、"客源不足，竞争对手太强了"这些辩解的话。

3.嘴巴尖，眼睛红。在上司面前说其他同事的坏话，在外面就说公司的坏话，无视公司形象。见同事的奖金比自己高就心理不平衡，从不检讨自己。

4.自命清高。摆架子,在客户面前死要面子,不愿意为客人做些提包倒水的小事。这些心态误区最大的弊端就是影响团队,激化内部矛盾,极大地削弱执行效率。

二、能力误区

执行者能力误区主要表现在三个方面:

1.不学习,不上进,能力倒退。不能吸收新思想、新理念,安于现状,反对变革,成为执行的阻力。

2.能力用错了地方。智商高,精力充沛,但把能力用在怎样晋升上,不但无用,反而还会起坏的带头作用。

3.纵容“能力不够”的人。一是不想得罪人,充当老好人;另外就是怕手下的人能力过强,超越自己,所以就起用“能力不够”的人。如此一来,执行力无疑就大打折扣了。

三、不授权

很多人热衷于把权力紧抓在手中,什么事都亲力亲为,结果别人没事干,他却累得要死,且执行效果还不好。不要认为整天瞎忙就是敬业,其实这是在阻碍效率的提升。

四、搞内部对立

把“团队精神”和“团伙精神”搞混了,和上司、下属称兄道弟、做哥们儿,搞权力投机。

五、虎头蛇尾

很多执行者做事就是起初比较认真,过了三天就开始松懈了,再过一段时间就撒手不管了。一旦这种习惯形成,以后的任何决策都将无法彻底执行下去。

这些不良的心态和习惯足以让企业的执行力消失。对此,无论是企业还是普通员工都应引起高度的重视,引以为戒。根据执行力中存在的这几点误区,我们认为提升执行力需要明确以下几点:

一是优化工作流程,提高自身素质与工作能力;坚持自我学习和提升。学习就是工作,工作就是学习。

二是要注重企业文化,把公司的理念、愿景、使命等与自身牢牢地联系在一起。

三是调整心态，自动激发工作激情，使自身总是处于高效工作状态。

四是强化责任心，明确自己的任务，戒除懒散之心。

➤ 关注执行力就是关注企业和个人的成功

任何拥有远大抱负和追求的企业和个人，如果没有完美的执行力，就算有再多的创造力，也不可能取得很大的成就。

任何企业、老板、管理人员与员工都必须共同面对的现实是：无论预想多么完美，结果往往与目标之间有很大的差距。"想法没有得到实施"，"方案没有得到执行"，不仅企业得不到业绩和利润的保证，个人也因为平庸的表现而无法迈向人生更高的台阶。

很多人都知道一份工作来之不易，但还是用一种不负责任的态度来对待自己的工作，马虎执行，不求品质。造成这种状况的原因在于，他们都没明白一个道理：执行，不单是为了老板，更是为了个人的成功。

执行不是为了老板，如果你觉得自己只是老板使唤的工具，那么你可能真的变为别人使唤的对象，而无法获得"使唤"别人的能力。一个人需要明白，企业成功了，个人才能成功。企业进步了，个人才能进步，个人能力才能得到提升，个人才会有更大的发展空间。没有企业与团队，个人就没有实现自我的舞台。

在海尔，如果说张瑞敏是海尔的创新者，是海尔思想的源泉，那么海尔副总裁杨绵绵就是布道者，没有杨绵绵坚定不移地忠实贯彻张瑞敏的思想，张瑞敏的管理思想就难以落实。

1984年，张瑞敏诚邀杨绵绵出任青岛电冰箱总厂（集团前身）副厂长。"我就是觉得她和别人不太一样，她的那些同龄人上班时间买菜、织毛衣，只有这个杨绵绵居然在认真地读书学习。"

海尔24年的发展简史，见证了杨绵绵从知识女性到职业经理人的嬗变。

杨绵绵常说，人有三商——智商、情商和韧商，韧商最难达到。执行能力是一种管理天赋，杨绵绵的人格魅力在于其柔软的坚毅、坚硬的感性。张瑞敏如此"点评"杨绵绵：决策者本来期望是二，但她的执行力却能发挥到十。

商界有一个流行的说法：成功等于10%的战略加90%的执行。海尔的快速扩张与稳健前行注定仰仗大量优秀的执行者支撑，可以说，执行人才的积聚与堆砌是海尔成长的基因。而杨绵绵无疑是海尔最优秀的执行者的最佳代表。在帮助企业稳步扩张的同时，杨绵绵的个人事业和人生也得到了升华。

像杨绵绵这样优秀的执行者往往有着决策者所不具备的能力。一个成功的执行者，第一，能正确理解上级的思想，并准确地执行；第二，能够把上级过于个人和极端的思想悄悄地在操作层面上进行修正，修正完了还不让老板看出来，这就是执行的艺术；第三，即使老板看出来，成功的执行者也能说出让老板认可的道理；第四，执行者始终站在企业发展的最前沿，每到企业的危急关头，帮助企业渡过危机的往往就是战斗在第一线的执行者。

作为一名奋斗在职场的员工，我们必须知道，执行的过程是一个企业与个人双赢的过程。优秀的执行力不仅能帮助企业获得长足的发展，也能助个人登上事业的高峰。但无论你处于哪一个位置上，执行力都是职场中不可避免的必修课，无数的总裁、CEO每天要做的事其实和你一样，就是执行。

第三章

商界"领军人物"谈执行力

▶ 柳传志：执行力就是任用会执行的人

联想集团的创始人柳传志，被公认为近年来最有影响力的企业领袖人物之一。柳传志把执行力归结为一句话："选拔合适的人到恰当的岗位上。"

联想最为人称道的就是它强大的执行力，联想最引以为荣的一件事就是它每年都要举办的全国市场活动。每年联想都要在几百个城市同时举行这样的市场活动，可见它的运作和控制能力有多强大。这种以高效运作体系为基础的执行力，正是联想在国内PC市场崛起并且至今保持霸主地位的撒手锏。而联想手中的这把利器又是如何炼成的呢？

一个企业有无执行力，关键看有没有选对人。联想创业之初就曾经因为中层的执行不力险些夭折。从某种意义上说，选对人意味着企业领导者成功了一大半。因此，为了企业的执行力得到落实，柳传志找到了一名"大将"，这就是联想公司的总经理杨元庆。

杨元庆领导的联想PC（个人电脑）在1996年的中国PC市场份额中占据了第一，一举打破了国内个人电脑市场多年以来被国外品牌占据第一的局面，为中国品牌主导中国PC市场建立了信心。

1997年，杨元庆将"严格文化"引入联想，确立了"认真、严格、主动、高效"八字管理方针，提出了著名的"八大问题"，细数联想执行力下降的症状。

2001年4月，在从联想"教父"柳传志手里接过联想帅印并公布2001～2003年计划的同时，杨元庆把任正非的著名文章《华为的冬天》发给了全体联想员工，并在一次会上向所有人发问："如果有一天，公司没有完成任务怎么办？"

半年后，杨元庆开始向联想的"大企业病"和"体内病毒"开火。

联想有今天的成绩，离不开始终把执行放在第一位的杨元庆，他彻底地贯彻了柳传志的主张。组织的效率需要合适的人才来保证，个人的执行力水准是一个基本的要素。所以，柳传志总结认为，执行力就是选择会执行的人，在一个适当的岗位上任用执行的人。

▶ 杰克·韦尔奇：执行力就是消灭妨碍执行的官僚文化

100多年前，纽约证券交易所开盘时，选取了十几家当时最大的公司作为道·琼斯指数股，而100年后的今天，十几家企业中只有GE（通用电气公司）还依旧是道·琼斯指数股。是什么使得GE公司能基业常青？原因很多，但无疑，GE公司卓越的执行力在其中扮演了举足轻重的角色。

GE公司有力推动者之一是广为人知的杰克·韦尔奇。杰克·韦尔奇对执行力的观点是："通用最痛恨官僚主义，我们要杜绝将资源浪费在行政体系上的做法，摒弃所有仅有美丽外壳的计划与预算。"

韦尔奇，从GE公司最基层的一个实验车间的化学工程师，一步步脱颖而出，20年后终于登上GE公司最高层的权力宝座，成为GE公司的CEO。他完好地保持了独特的、与官僚作风格格不入的"杰克式"的激情，以强硬的作风坚决摒除了GE公司这个"多元帝国"内部的官僚主义，以追求卓越的理念推动了GE公司业务的重组。

充满活力的激情和对于企业执行力的深刻理解，成为韦尔奇出任CEO后进行一切改革的原动力。他经历了旧体制的层层束缚和曲折，深知哪里有最阴暗的深处，哪里有无所事事的敷衍，所以，"刀斧"所到之处，必斩而后快，绝不手软。为此，他曾有"中子弹杰克"、"美国最强硬的老板"之称。

由此反思我们企业的执行力现状，"官僚文化"是阻碍执行的很大因素。在很多企业中，注重形式大过注重内容，注重行政体系大过注重执行。从企业内的横幅到员工手册，总能看见那些千篇一律、似曾相识的豪言壮语，但极少有企业能够将这些口号与企业自身的制度、行为紧密结合。大家都将这些口号、概念挂在嘴上，开会、讨论必说，但没有多少人能真正把它们落到实处。

"官僚文化"的核心是"人治文化"和"面子文化"。"人治文化"最明显的一个做法就是用"能人"，用"能人"当领导——这本无可厚非，但"人治文化"还讲究"用人不疑、疑人不用"。而现代企业管理讲究的是用人要疑，讲究的是"制度第一，能人第二"，因为不管一个人有多"能"，他也会犯错。

"面子文化"充斥在企业的各项环节中。不管发生了什么事，先要讲个面子，然后再来讲道理是怎么样。为了面子，可以不去追究领导的过错，可以不去惩罚员工的不良行为，可以无视制度。这样做的结果就是，执行根本没有力度！现代企业的观念是：理在前，情在后，我们先把这个事情的道理讲清楚，至于面子和感情，我们放到第二步去谈。

迈克尔·戴尔：
执行力就是每一个环节都力求完美，切实执行

美国戴尔电脑公司的总裁迈克尔·戴尔，由读书时创办的一个攒电脑的小公司起家，到2001年，使戴尔公司一举取代康柏而成为全球最大的个人计算机制造商。戴尔成功的根本原因，就在于戴尔公司具有超强的执行能力。戴尔对执行力的看法是："一个企业的成功，完全是由于公司的员工在每一阶段都能够一丝不苟地切实执行。"

戴尔公司"严格执行"的最大体现是"接单生产"。这与传统生产方

式的区别在于：工厂在接获客户订单后才开始生产。戴尔重视从供货商到工厂组装、到送货的各个环节，要求每个环节都要一丝不苟地以最快的速度完成，迅速满足顾客的需求。戴尔公司这种快速反应能力和高效执行能力令其赢得了众多对手无法比拟的竞争优势。

执行力就是要求每一个环节都切实执行。在执行中我们最应该崇尚的就是求实的作风，唯有求实才能把工作落到实处，也才能赢得市场客户的信赖。在组织内形成一种实事求是的风气是提高企业执行力的基础，也是执行的一项最基本的原则。

戴尔之所以能够成为全球PC市场的龙头老大，就因为戴尔拥有对手难以企及的执行力。在2002年，戴尔服务器业务的销量增长了16%，业绩远远好于惠普等其他同行的对手，但是，戴尔服务器部门的负责人却被免职，原因并不在于他做得不好，而在于他应该做得更好。

戴尔公司在切实执行的实践上可谓登峰造极。戴尔的成功告诉我们，一个浮夸的企业是不可能成功的，任何取得巨大成就的优秀企业无一不是在各个工作环节中紧抓执行，严格要求每一个执行环节的力度、速度和质量。只有这样，才能保持工作的求实之风，才能提高员工的执行能力，才能保证企业目标的实现。

▶ 执行力的构成要素

为什么有的组织和个人执行力强，而有的组织和个人执行力弱？到底是什么原因影响着组织与个人的执行力？经过研究，我们认为有九大关键因素影响和制约着执行力。

一、执行目标

有人以为目标与执行力没有太大关系，因为执行往往被认为是发生在目标制定之后的。事实上，这种观点大错特错！首先，制定目标本身属于执行的范畴。

科学合理、明确实际的目标既可以拉动执行，也可以推动执行。目标太高,执行起来难度太大,容易丧失信心;目标太低,执行起来又会失去动力。目标的好坏直接关系到执行力的强弱。目标影响执行力的水平和强弱,目标是执行力的关键构成要素。

二、组织结构

组织结构的好坏制约和影响着组织成员工作水平的发挥。在同一个组织当中,同一个人放在不同的位置上,工作的成效和业绩会有很大差别。组织结构的好坏直接影响和制约着执行力的发挥,组织结构也是执行力的关键构成要素。

三、执行团队

中国有个寓言故事叫"一个和尚挑水喝,两个和尚抬水喝,三个和尚没水喝",这就是团队的好坏对执行力影响的最佳印证。团队水平及组合得如何,将直接影响和决定任务是否能完成,目标是否能达到。有些人常说,一个中国人对付一个日本人绰绰有余,三个中国人对付三个日本人时就困难多了。虽然这种说法未免太过武断、片面,但也能反映出我们中国人相对来说缺乏团队精神,不善于团队合作。而这种团队精神的丧失对于执行是极其不利的。

当一个团队中出现问题,只要换一批人来做,人还是差不多的人,任务还是那些任务,章法还是原来的章法,可执行效果和业绩却大有转机。秘密何在?就在于团队合作与否。因此,团队的合作程度影响和制约着执行力的发挥。

四、执行流程

流程就是工作的先后次序、轻重缓急、环节关联、相互配合与制约。流程畅通无阻,则执行一路顺风;流程复杂烦琐,则执行受阻;流程简化,执行的速度就会加快。本来三道工序完全可以完成的产品,如果在中间增加两道工序,虽然同样可以完成,工作效率却大大降低了。这样,执行力又如何得到提高?流程的繁简也是影响执行力的关键要素。

五、管理制度

制度就是纪律,就是要使组织成员在统一的游戏规则下行动和做事。没有规矩,不成方圆,制度的存在,就是给组织的行为加上评价标准和刚性约束。没有健全的制度，就无法形成健康的组织，也不会有好的执行力。企业制度就是企业在经营活动中所必需的基本组织与运作规程，以及企业所有成员所应遵守的共同的行动准则。

制度是否健全和完善，直接影响和制约着执行力的水平与发挥。

六、执行角色

执行角色就是执行中的人。管理组织或经营企业就像导演一出戏，在这出戏当中，需要不同的角色来完成剧情。角色对一出戏十分重要，角色选得好、演技到家、剧情精彩才会吸引观众；角色选得不好，就演不出剧情的真正味道，观众看起来就会乏味。同样的剧情让不同的角色来扮演，演出的效果肯定不一样；同一个人去表演不同的剧情和扮演不同的角色，水平和效果也会有很大的差别。执行也是这个道理，选择什么样的人来做什么样的事、把什么人放在什么位置上，这对执行的成败十分重要。人选得好，位置放得恰当，效果就好；人选得不好或位置放得不对，效果就难以令人满意。同样的事情让不同的人来做，效果完全不一样，不同的事情让同一个人去做，水平也不一样，因此，执行角色的安排也是执行力的关键构成要素。

七、执行的技能和方法

执行过程中借助和使用的技能和技巧，更多的是一种艺术，它更多地依赖执行者的智能，包括知识、技能、思维等智力因素。例如酒店的客房服务，有些服务员把客房需要的东西一次性备齐，再到房间按客人的需要提供服务，而有些服务员则先到房间，根据客人的需要提供服务。又如作家写作，有些作者先用笔墨稿纸写好并修正，再输入电脑；而有些作者则直接在电脑上写作修改，一次成文。虽然采用不同的方法都可以完成同样的任务和达到同样的目标，但工作的效率却大不一样。如作家写作，直接在电脑上写作修改，一次成文的方法肯定比先用笔墨稿纸写好并修正，再输入电脑的方法工作效率要高、速度要快。采用不同的方法和技巧，对执行的速度和效率影响极大。

八、执行者的非智力因素

非智力因素一般包括情商、心态、信心、信念、毅力、激情、习惯等精神与行为因素。在人的发展过程中，这些非智力因素有着不可估量的重要作用，很多人虽然智力因素较差，但由于非智力因素较好，在非智力因素的支配和作用下成就了大业；有的人虽然智力因素较好，但是非智力因素较差，结果碌碌无为。人的一生成功与失败在很大程度上不是智力因素之间的较量，而是非智力因素之间的较量。对于组织和个人执行力来讲，非智力因素的作用也是如此。在工作实践当中，我们不难看到，情绪消极的人工作效率就比较低，心态不好的人办事总是失败，没有信心和信念的人做事常常半途而废、前功尽弃，意志不坚强的人经不起风吹浪打和挫折磨炼，等等。非智力因素也是执行力好坏的关键构成要素。

九、执行力文化

文化与执行有什么关系？很多人都会发出这样的疑问。他们认为文化看不见、摸不着、虚无缥缈、可有可无，而执行是实实在在的行动，为何要把文化与执行力扯到一块？文化是看不见、摸不着，但并非虚无缥缈、可有可无，对于执行力来讲，文化是土壤、是温床、是营养液、是润滑剂。文化可以通过直观的表象影响员工的思想，进而影响员工的行为和执行力。良好的企业文化是提高执行力的内在动力，试想，如果员工没有共同的价值观、没有集体的荣誉感、没有个人的成就感和归宿感，他们怎么会用心工作、尽职尽责？只有拥有良好的组织文化，员工才会用心做事、注重形象、讲究速度、提高质量、关注细节、遵守纪律，从而把工作做得更好。可以说，文化对执行力有着潜移默化的教化作用。

第四章

优秀执行者的五大特质

▶ 服从命令，立即行动

任何执行都必须从服从命令开始。任何一个组织的员工都必须服从上级的安排，就如同每一个军人都必须服从长官的指挥一样。没有服从，执行就会失去方向；没有服从，执行就会乱套；没有服从，执行就不可能达到既定的目标。

西点军校第52届毕业生、美国劳恩钢铁公司总裁卡尔·劳恩说："军人的第一件事情就是学会服从，整体的巨大力量来自于个体的服从精神。在公司中，我们更需要这种服从精神，上层的意识通过下属的服从很快会变成一股强大的执行力。"

任何一项任务，如果下属不能无条件地服从上司，那么在执行过程中就会偏离方向，产生障碍，导致计划和目标的流产。

服从就是要严格遵照指示做事，立即付诸行动。行动才能产生结果，行动才能证明执行的结果。

1977年11月4日，上海锦江饭店接到一项紧急任务：

"巴基斯坦齐亚·哈克将军一行75人，由于气候恶劣，专机难以在北京降落。经磋商，决定改由上海着陆。现在专机正向上海飞来，2小时后到达，请立即做好迎接准备。"

只有2小时，时间非常紧迫，但迎接国宾的责任重大，不能出任何差错，怎么才能保证圆满完成任务呢？

当时的经理任百尊一放下电话，就开始组织接待班子。他马上召集得力干将开会，指示所有工作必须在2小时之内完成。

"大家听清楚了，2小时后车队就要到达上海，所以我们的工作必须在120分钟之内完成。这么庞大的国宾队伍需要75套客房，100辆轿车组成的迎宾车队，供一两百人用膳的国宴……这一切必须在2小时内按时、按质、按量完成！"

命令一下，各个部门的经理立刻回去布置任务；每个岗位上的每位员工在短短的几分钟内就明确了完成任务的时间和标准，并立即展开行动。

在距离指定时间还有10分钟时，任百尊开始检查。

他先来到客房。只见客房的地上、四壁、屋顶均一尘不染，床面平挺，毛毯平顺。他点了点头，又审视了一下床头的插花，只见那些花枝枝含苞、造型新奇、典雅大方。

当检查完所有的客房，看到服务员已微笑着各就各位准备迎接贵宾时，任百尊满意地笑了。

这时，厨师长通过电话报告：厨房一切就绪。任百尊看了一下表：离指定时间还有5分钟。

当所有准备工作都已经就绪时，任百尊接到电话："国宾车队已到达淮海路茂名路口，2分钟后将到达酒店。"

齐亚·哈克将军一行入住锦江饭店后，对饭店各方面的服务非常满意，赞不绝口。那一刻，任百尊一颗悬着的心才算放了下来。事后他说："接待元首国宾的任务都有这么几个特点：规格高，任务急，时间紧，因此要求大家都像打仗一样，而且兵贵神速。"

仅仅用2个小时，就完成如此高规格的接待任务，对任何一家饭店来说都是极大的挑战。锦江饭店为何能做得如此出色？就因为他们的员工在听到上司下达命令的第一时间就毫不犹豫地服从了，没有提出任何问题，没有寻找任何借口，而是立即去行动，用最快的时间，用最好的质量，给这次任务打上了一个圆满的句号。优秀执行者的执行力正体现于此，服从命令、立即行动，这也是所有的优秀执行者身上最关键的特质。

崇尚速度，自动自发

执行力不但要求行动，而且要讲究速度，要快速行动，因为速度在大多数情况下是决定成败的关键因素。执行力归根到底是一个速度的问题，知识经济、信息网络经济时代，大公司不一定能打败小公司，但是快的一定能打败慢的，这就是快鱼吃慢鱼。微软公司崛起的例子就是一个快鱼吃慢鱼的典型。

微软总是用比同行快得多的速度推出新产品，虽然微软的软件每次推出的时候，总是毛病多多，但丝毫不影响它的市场领导地位，因为它的产品是最新的。微软公司在推出新产品后，接着就开始改进这个产品，然后适时为市场提供服务。先赢得客户，再提供技术；先得到客户，再制造产品，这就是微软一直采用的占领市场的战术。

衡量执行力是需要崇尚速度的，这是一个非常重要的原则。要以速度制胜，就要自动自发。如果微软没有主动分析市场的需求，自发地研究新产品，而是在同行的发展威胁到自身利益的时候再去匆忙应对，那还能在市场中独占鳌头吗？在执行中也一样，要想比别人先走一步，就要比别人更加主动，自动自发地执行任务，否则很可能会错失先机。

主动、自动自发的执行者通常热情高涨，效率超常；被动的执行者通常情绪低落，效率低下。优秀的执行者都秉承着主动执行即自动自发的原则。

戴约瑟是美国著名的地产经纪人，他年轻时就是因为主动替一个同事做了一笔生意，被提升为推销员，从而走上成功之路的。

戴约瑟14岁的时候，他在一个商店做学徒。"有一天下午，"戴约瑟说，"从芝加哥来了一个大客户。当时是7月3日，这位客户7月5日便要动身前往欧洲，在动身之前他想把这批货定下来。这要到第二天才能办好，但第二天7月4日正好是国庆日，是全国放假的日子。为了做成这笔生意，店主答应第二天派一个店员来处理这件事。"

一般来说，订货的程序是客户先把各种货物的样品看一遍，选定他所想要的货品，然后店员再把他所订的货认真地核对一遍。

但是，被指派去做这件事的店员不愿意牺牲他的假日来工作，他为难地说，他的父亲是非常爱国的，决不肯叫他的儿子把国庆日这样浪费掉——这当然是一种托词。没办法，店长为将要失去的这笔生意大为痛心，急着到处找帮手，可是在这样的假日，没有人愿意伸出援手。戴约瑟也很着急，要知道那是一个很难得的大客户。虽然他的资历还不足以做好这项工作，但为了帮助店长拿到这个客户，他对店长说，他愿意代替同事完成这项任务。

结果，戴约瑟完成得一点也不差。于是，他升了职。到17岁的时候，他便成了一个出色的推销员。

如果不抓住这次机会，抓紧时间，把这件事情做好，就会失去一个难得的大客户。没有对于这一点的认识，戴约瑟也不会愿意牺牲自己的节假日来工作。假如没有主动工作的意识，他更不会由此得到晋升的机会。

主动执行的人有独立思考的能力，他们不会像机器一样，别人吩咐做什么才跟着做什么，他们往往会发挥主观能动性和创意，在领导还没有交代的时候就着手准备。想要提升执行力的组织与个人，就要像戴约瑟一样积极主动地面对工作，只有这样，执行力才能够得到锻炼和提升。

▶ 不折不扣，注重细节

执行打折扣，就意味着执行不力。执行打折往往表现在不能按规定的质量标准完成工作任务，对于一些看似细小的环节视而不见、马虎应付，把执行的细枝末节都忽略掉，以此加快进度。殊不知，一些细小的地方却能影响整个执行的质量。强调时间进度，也不能忽视质量。

上海地铁一号线是由德国人设计的，看上去并没有什么特别的地方，直到中国设计师设计的二号线投入运营，才发现其中有那么多的细节被二号线忽略了。结果，二号线运营成本远远高于一号线。

上海地处华东，一到夏天，雨水经常会使一些建筑物受困。德国设计师注意到了这一细节，所以地铁一号线的每一个室外出口都设计了三级台阶，要进入地铁口，必须踏上三级台阶，然后再往下进入地铁站。就是这三级台阶，在下雨天可以阻挡雨水倒灌，从而减轻了地铁的防洪压力。事实上，一号线内的防汛设施几乎没有动用过；而地铁二号线就因为缺了这几级台阶，曾在大雨天被淹，造成巨大的经济损失。

德国设计师根据地形、地势，在每一个地铁出口处都设计了一个转弯，这样做不是增加出入口的麻烦，不是增加了施工成本吗？当二号线地铁投入使用后，人们才发现这一转弯的奥秘。其实道理很简单，如果你家里开着空调，同时又开着门窗，你一定会心疼你每月多付的电费。想想看，一条地铁增加转弯出口，省下了多少电，每天又省下了多少运营成本？

难道说中国设计师没有德国人聪明？其实未必，关键在于长期养成的对待工作的认真和精细。德国人常常显得严肃、认真，甚至刻板，可就是凭着这种一丝不苟、认真执行不打折的工作精神，德国在二战后迅速成为世界经济强国。

执行打折的原因还在于执行者在工作中表现出来的眼高手低。"这是小事一桩，无关紧要"、"不要吹毛求疵"、"这是细枝末节，没有大碍"、"这些鸡毛蒜皮的小事不值得一提"，等等，都反映出了一些人对于工作的藐视。而事实上，执行力强的人善于从小事做起，只有把一件小事做好了，方能成就大事。正如张瑞敏说的那样："把每一件简单的事情做好，就是不简单；把每一件平凡的事做好，就是不平凡。"海尔从重锤砸冰箱，到不许随地大小便，都是在做小事，在强调细节。如果当初张瑞敏对海尔冰箱的质量问题、员工在厂区随地大小便的问题等视而不见，不重视、不整顿的话，海尔可能早已退出商业的舞台了。

雪印公司是日本最大的乳品企业，它生产食品的设备据说是按宇航食品的要求严格设计的。但2000年时，因为一位工人错把一个未洗净消毒的器皿送入生产工艺流程，导致牛奶在加工环节受到污染，造成上万消费者感染病毒而入院抢救，成为日本史无前例的中毒事例，导致工厂停产，造成110亿日元的巨额损失。总经理辞职，并在各大报章上作全版道歉广告，但消费者还是强烈不满，恢复公司的名誉起码要10年之久。就因为一个器皿未消毒，就酿成这样的大祸，这位员工恐怕无论如何也想不到。可事后再去懊悔已经没有用了，有哪一家公司愿意聘请这样连小事都不能做好的人呢？这样的人谁相信他能成就大事呢？

"大事干不成，小事做不好"，这句话就是对那些缺乏执行力，不愿意把小事做好的人的一种批评。一个成功的执行者必不可少的素质是，能够针对具体环境巧妙设计出解决问题的细节，这些细节体现着一个人处置问题的原创性和想象力，是这个时代最稀缺、最宝贵的东西。个人执行力同样如此，实现个人理想也好，完成工作任务也好，追求卓越也好，取得进步也好，都是不折不扣地在细节上下工夫。成大业如烹小鲜，做大事必重细节。

▶ 有的放矢，要事第一

任何执行都必须有明确的目的，就像射箭一样，要对准靶子，要有针对性，否则，执行力就如无的之矢，白费力气。力量并不代表执行力，要有目的、有意图、有针对性、有收获的力量才代表执行力。

拥有优秀执行力的人，都有两个共同的特点：一是明确知道自己工作的目标，二是不断朝着更高的目标前进。目标的意义不仅仅是目标本身，它更是一个人行动的依据。当一个人一心向着自己的目标前进时，整个世界都会为他让路。

美国通用公司的前董事长罗杰·史密斯在进入通用之初，只是一个名不见经传的财务人员。

罗杰初次去通用公司应聘时，只有一个职位空缺，而招聘人员告诉他，工作很艰苦，对一个新人来说相当困难。但罗杰信心十足地对接见他的人说："工作再棘手我也能胜任，不信我干给你们看……"

在进入通用工作的第一个月后，罗杰就告诉他的同事："我想我将成为通用公司的董事长。"当时他的上司对这句话不以为然，甚至嘲笑他自不量力，逢人便说："我的一个下属对我说他将成为通用公司的董事长。"然而罗杰却执著于自己心中的目标，他将这一目标又逐步分解为一个个可以实现的小目标。令这位上司没想到的是，若干年后，罗杰·史密斯真的成了通用公司的董事长。

无论是在人生旅途还是在实际工作中，如果没有目标，就像在大海中航行，你都不知道目的地在哪里，只好遭受漂泊迷失之苦了。你必然要经过一个长期的摸索过程，这样工作的效率就会十分低下，执行力会大大降低。

一旦你确定了目标为何，接下来你就应该考虑目标的可执行性。你确定的目标必须是具体的、可以量化的。如果你的目标不具体，你就无法衡量你的目标是否能实现；如果不清晰、不量化，你的目标就不能称之为目标。

在追求目标的过程中往往牵扯到工作中各个环节、各个方面的众多事务，而执行力的本质是要提高工作效率，用最短的时间达到既定的目标。这时候你需要明确一个重要的原则，就是要学会抓大事、要事，把要事永远摆在第一位，关键的工作做不好，谈不上工作效率和执行力，目标的完成也遥遥无期。

德利恒钢铁公司总裁施瓦普向效率提升大师博恩·崔西请教"如何更好地达成计划"的方法。

博恩·崔西先生声称可以在10分钟内就给施瓦普一样东西，这东西能让公司的业绩提高50%。然后，他递给施瓦普一张空白纸，说："请在这张纸上写下明天要做的6件最重要的事。"

施瓦普用了5分钟写完。

博恩·崔西看了一下施瓦普先生，接着说："现在用数字标明每件事情对于你和你的公司的重要性次序。"

这又花了5分钟。

博恩·崔西说："好了，把这张纸放进口袋，明天早上第一件事是把纸条拿出来，做第一项最重要的。不要看其他的，只是第一项。着手办第一件事，直至完成为止。然后用同样的方法对待第二项、第三项……直到你下班为止。如果只做完第一件事，那不要紧，因为你总是在做最重要的事情。"

博恩·崔西最后说："每一天都要这样做——你刚才看见了，只用10分钟时间——你对这种方法的价值深信不疑之后，叫你公司的人也这样干。这个试验你爱做多久就做多久，然后给我寄张支票来，你认为值多少就给我多少。"

一个月之后，施瓦普给博恩·崔西寄去一张5万美元的支票，还有一封信。信上说，那是他一生中最有价值的一课。

5年之后，这个当年不为人知的小钢铁厂一跃成为美国最大钢铁厂。对此，施瓦普先生心里最清楚，博恩·崔西先生提出的方法功不可没。

一个人在达到目标的过程中不可避免地会被各种琐事、杂事所纠缠，被这些事情弄得筋疲力尽、心烦意乱，眼看时间都浪费在了众多的琐事上，而最应该做的事情还迟迟没有开始，真是看在眼里、急在心里。甚至有人忙于处理众多的环节就把自己做这些事的目的给忘掉了，最后的结果是错过了实现目标的最好时机，并且浪费了大量时间。但一个执行力优秀的人不会为此感到太过困扰，因为他养成了专注目标、要事第一的好习惯。

要事第一是优秀员工的一项重要习惯。要事第一，就是先做最重要的事情，因此，开始做事之前，你要好好地安排工作的顺序，并且要谨慎地做这件事。当你安排好工作的优先顺序以后，就要确定最优的方法，把要做的事在有限的时间内做到最好。

一个人要提高自己的做事效率，更快地完成任务，达到目标，就要培养自己要事第一的行为准则。

▶ 结果第一，不断创新

有没有执行力，是用结果来衡量的。工作没有结果，办事虎头蛇尾；只追求过程，不追求结果，是谈不上执行力的。结果决定一切，有结果才有业绩。

结果是一个公司的生命之源泉、成长之基石，没有结果，公司就不能发展。同样，没有业绩，员工也不能生存。企业作为一个经营实体，必须靠利润维持发展，而利润就是执行要达到的终极目标！在一个企业的发展中，如果执行没有结果，无论是企业还是个人，都会被淘汰。

百事可乐推崇一种深入持久的"执行力"文化，强调公司员工"主动执行"公司的任务，100%地去完成它。那些成果优秀的员工总是能得到公司的嘉奖，那些业绩不佳的员工则不断地被淘汰。这种以"结果论成败"的企业文化塑造了一支有着顽强战斗力的员工队伍，从而使百事可乐逐渐成为可口可乐最有力的对手。

荣誉只会给予创造结果的英雄，过程中的酸甜苦辣是只属于你自己的财富。台下三年功，台上三分钟。你的成绩出类拔萃，你的执行力才会获得大家一致的认同。

结果不是从天而降，不是唾手可得的，而是要经过缜密思考，精心准备，积极行动，不断变通，寻找解决方法，不断尝试突破，才能达成的。只有不断突破常规的思维，在执行的过程中不断创新，才能得到最满意的结果。

有一则真实的事例能帮助我们明白这个道理。

1984年，美国洛杉矶得到了举办奥运会的资格。在这以前的奥运会主办国，几乎是"指定"的。对举办国而言，往往是喜忧参半。能举办奥运会，自然是国家民族的荣誉，也可以乘机宣传本国形象，但是以新场馆建设为主的强大硬件软件的投入，又将使政府负担巨大的财政赤字。1976年加拿大主办蒙特利尔奥运会，亏损10亿美元，这一巨额债务直到2003年才还清；1980年，苏联莫斯科奥运会总支出达90亿美元，具体债务更是一个天文数字。赔老本已成奥运举办国的定律。

但是美国政府决定改写这一历史！洛杉矶市政府在得到主办权后作出一项史无前例的决议：第23届奥运会不动用任何公用基金，开创了民办奥运会的先河。美国商界奇才尤伯罗斯以1060万美元的价格将自己旅游公司的股份卖掉，接手主办洛杉矶奥运会。他运用其超人的创新思维，改写了奥运经济的历史，不仅首度创下了奥运史上第一笔巨额赢利纪录，更重要的是建立了一套"奥运经济学"模式，为以后的主办城市如何运作提供了样板。

尤伯罗斯接手奥运之后，发现组委会竟连一家小公司都不如，没有秘书、没有电话、没有办公室，甚至连一个账号都没有。一切都得从零开始，尤伯罗斯开始招募雇佣人员，然后以一种前无古人的创新思维定了乾坤：把奥运会商业化，进行市场运作！这个决定在当时来说是非常惊人的！

于是一场轰轰烈烈的"革命"就此展开。

第一步，开源节流。尤伯罗斯认为，自1932年洛杉矶奥运会以来，规模大、虚浮、奢华和浪费已成为时尚。他决定想尽一切办法节省不必要的开支。首先，他本人以身作则不领薪水，在这种精神感召下，有数万名工作人员甘当义工；其次，延用洛杉矶现成的体育场；最后，把当地3所大学的宿舍作为奥运村。仅后两项措施就节约了数十亿美元。

第二步，声势浩大的"圣火传递"活动。奥运圣火在希腊点燃后，在美国举行横贯美国本土15万公里的圣火接力。用捐款的办法，谁出钱就可以举着火炬跑上一程。全程圣火传递权以每公里3000美元出售，15万公里共售得4500万美元。尤伯罗斯实际上是在拍卖百年奥运的历史、荣誉等巨大的无形资产。

第三步，狠抓赞助、转播和门票三大主营收入。尤伯罗斯出人意料地提出，赞助金额不得低于500万美元，而且不许在场地内包括其空中做商业广告。这些苛刻的条件反而刺激了赞助商的热情。一家公司急于加入赞助，甚至还没弄清所赞助的室内赛车比赛程序如何，就匆匆签字。尤伯罗斯最终从150家赞助商中选定30家。此举共筹到117亿美元。

最大的收益来自独家电视转播权转让。尤伯罗斯采取美国三大电视网竞投的方式，结果，美国广播公司以225亿美元夺得电视转播权。尤伯罗斯又首次打破奥运会广播电台免费转播比赛的惯例，以7000万美元把广播转播权卖给美国、欧洲及澳大利亚的广播公司。

同时，通过强大的广告宣传和新闻炒作，门票收入也达到了历史上的最高水平。

第四步，出售以本届奥运会吉祥物山姆鹰为主的标志及相关纪念品。

结果，第23届奥运会总支出51亿美元，赢利25亿美元，是原计划的10倍。尤伯罗斯本人也得到475万美元的红利。在闭幕式上，国际奥委会主席萨马兰奇向尤伯罗斯颁发了一枚特别的金牌，报界称此为"本届奥运会最大的一枚金牌"。

尤伯罗斯是创新缔造一流结果的代表人物。善于在实践中创新的是思路异常灵活的一群人，他们的执行力是毋庸置疑的，因为他们总能够以敏锐的视角洞察市场的变化，迅速抓住机遇，寻找更好的办法创造非凡的结果。他们用自己的智慧为组织创造了更多的效益。

执行重在到位

第一章
执行不到位，不如不执行

▶ 做好了，才叫做了

在工作中，当上级向下级问及工作的情况时，常常会听到这样的回答："我已经做了。"如果继续问下去："有什么效果？问题解决了吗？"很多人却回答不上来。

这样的执行只停留在"做"的层面，是毫无意义的。

"做好了，才叫真正做了"，这是针对普遍存在的执行不到位现象而提出的鲜明观点。

执行的关键就在于到位，执行不到位，就等于没执行。每做一件事情，都要达到预定的目标。

有一位企业家曾经讲述了自己经历过的"一个字值83万元"的故事。

1988年，改革开放正进行得如火如荼，这位企业家应聘到沿海一家创办不久却已有一定影响力的报社做广告业务。

当时报社最缺乏的是广告业务，而他准备上班不久就给单位一份很大的见面礼。

他得知他的一位朋友要到这个城市的开发区投资，并计划在当地媒体投放价值总计83万元的广告。在他的努力下，凭着自己所在报社是当地知名媒体的优势，再加上私人关系，朋友最终将这笔业务给了他。

要知道，这在当时来说可是一笔很大的业务，因为业绩如此突出，报社准备提拔他为副社长。

开发区举行奠基仪式的那天，他带上了社里最优秀的记者，并让广告部全体出动，准备用大幅版面进行宣传。

奠基仪式结束后，有位业务上的朋友邀请他去唱卡拉OK放松一下。盛情难却，于是他向记者和相关广告人员交代好工作就去了，一直玩到凌晨一点多才回家。

但是第二天早上，他当副社长的梦就破灭了。因为这天他们出版的报纸犯了一个最不应该犯的低级错误。

每一份报纸的头版头条都印着醒目的大标题："某某开发区昨日奠墓。"他们竟然把"奠基"印成了"奠墓"！

当时南方沿海城市的企业都特别重视"彩头"，看重吉利，而把"基"写成"墓"，无疑是犯了客户的大忌，何况这还是开发区项目正式启动的第一天。

结果可想而知，朋友一怒之下取消了83万元的广告订单。不仅如此，报社的声誉也因此受到了很大的影响，一些准备在这家报纸上投放广告的客户，也因此取消了自己的投放计划。

如此巨大的失误到底是怎样造成的呢？

事情的经过是这样的：

这位企业家当时自以为派出的是报社最优秀的记者，因此非常放心。况且，他离开之前，还特意请副总编一定对稿子严格把关。

记者的稿子确实写得很好，但由于当时电脑还不普及，记者手写的稿件字迹很潦草，"基"和"墓"看起来非常相似。

当时还是铅字排版，稿子到了排版人员那里，他想当然地把"基"字当成了"墓"字。

稿子排完版后，交到副总编那里，正赶上副总编家里有急事，于是他只匆匆看了一眼，也没发现什么问题，就签发了。

错误就这样造成了。

事后，报社对有关人员作出了这样的处理：记者和排版工人开除，副总编降半级。当然，他的提拔也泡汤了。

在总结这次教训时，每一个人都很后悔。记者后悔："我的字为什么要写得那么潦草？"排版人员后悔："我当时为什么没有仔细查看一下到底是什么字？"副总编后悔："我为什么不认真检查完再走呢？"

当然，最后悔的还是这位企业家："既然我知道这件事非同小可，为什么要在关键的时候走开，而不是留在报社自己监督呢？"

做好了，才叫做了，否则，就像这则故事中表现出来的一样，再多的"做"都是无用功。"做了"与"做好"，虽然只一字之差，却有本质区别。"做了"只是走过场或是糊弄人，没有保证结果；而"做好"却意味着对组织的目标负责、对工作的品质负责。一个人执行力强不强，关键就看他是重视"做了"还是重视"做好"；一个组织抓执行是不是抓住了关键，也要看管理的重心是不是放在"做好"两个字上。执行，绝对不能满足于"做了"，否则不仅浪费资源，还会使自己麻痹，也有可能使组织疏忽乃至麻痹，该有的效率出不来，未曾预料到的陷阱和危机却可能不期而至。

▶ 不是"做事"，而是"做成事"

执行，不是"做事"，而是"做成事"。那么，"做事"和"做成事"有什么区别？

我们先来看台湾著名作家刘墉教育女儿的故事。

有一天，刘墉和女儿一起浇花。女儿很快就浇完了，准备出去玩，刘墉叫住了她，问："你看看爸爸浇的花和你浇的花有什么不一样？"

女儿看了看，觉得没有什么不一样。

于是，刘墉将女儿浇的花和自己浇的花都连根拔了起来。女儿一看，脸就红了，原来爸爸浇的水都浸透到根上，而自己浇的水只是将表面的土淋湿了。

刘墉语重心长地教育女儿，做事不能做表面功夫，一定要做彻底，做到"根"上。

其实，执行就和浇花一样，如果只是简单地做事，不用心、不细致、不看结果，敷衍了事，那就等于在浪费时间，做了跟没做一样。

只做事，而没有做成事，这样的现象并不少见。很多人看起来一天到晚都很忙，似乎有做不完的事，却忙而无效，事情没有任何结果。

领导让小刘去买书，小刘先到第一家书店，书店老板说："刚卖完。"之后他又去了第二家书店，营业人员说已经去进货了，要隔几天才有。小刘又去了第三家书店，这家书店根本没有卖的。

快到中午了，小刘只好回公司，见到领导后，小刘说："跑了三家书店，快累死了，都没有。过几天我再去看看！"领导看着满头大汗的小刘，欲言又止……

买书是任务，买到书是结果，小刘去实践任务，却没有结果，也就是说，他有了苦劳，却没有功劳。不仅如此，他还浪费了半天的时间，而这半天时间老板还必须给他支付工资……

其实，只要动一下脑筋，就可以想到许多好主意。如小刘买书，至少有三种方法可以保证他完成任务，把事做成。

方法一：打电话给书店，确定哪一家书店有这本书，再去购买。

方法二：上网查找这本书的信息，向网上书店订购或直接联系出版社邮购。

方法三：到图书馆查是否有这本书，如果有，就问领导愿不愿花钱复印。

这三种方法都可以保证小刘得到书，但他没有这样做。就因为小刘没有将"做事"和"做成事"分清楚，只停留在"做事"（去买书）的阶段，而没有考虑"做成事"（买到书）。而且，他的头脑中也没有"结果思维"，不了解领导布置任务的目的是要结果。

正确的"执行"不只是"做"，还要"做对"、"做好"、"做成"。只满足于"完成任务"的员工不是好员工，好员工应该"得到做事的结果"——这才算得上是"真正完成任务"。

如果一个企业生产出产品，销售人员每天忙着推销，却不看对象、不问方法，看起来是在"做事"，结果可能是一件产品都推销不出去。

执行要保证成效，一切以"做成事"为最终目的。如果懂得了这一点，就会积极想办法，既看过程又看结果——不仅把事"做"了，还把事"做成"了。

▶ 最后步骤不到位，前面就是白执行

人们经常在做了90%的工作后，放弃最后能让他们成功的10%，甚至相当一部分人做到了99%，只差1%，但就是这一点细微的差距，使他们在事业上难以取得突破和成功。行百里者半九十——最后的步骤不到位，前面的执行就是白执行，甚至会带来比不执行还要恶劣的后果。

安妮就曾经因为没有在工作中落实到"最后一节"而吃了苦头。

有一名职业演说家叫阿尔，他觉得自己成功最重要的一点是让顾客及时见到他本人和他的材料。所以，作为阿尔的秘书，安妮的一个十分重要的任务的就是保证材料到位。

8年前，阿尔去多伦多参加一个由他担任主讲的会议。在芝加哥，阿尔给安妮打电话，问她演讲的材料是否已经送到多伦多，安妮回答说："别着急，我在6天前已经把东西送出去了。""他们收到了吗？"阿尔问。"我是让快递公司递送的，他们保证两天后到达。"安妮回答道。

从这段话中可以看出，安妮觉得材料应该是万无一失的。

事实上，她确实为快递公司提供了正确的信息（地址、日期、联系人、材料的数量和类型）。她还选择了适当的货柜，亲自包装了盒子以保护材料，并及早提交给快递公司，为意外情况留下了时间。

但是，她没有及时去电查询包裹是否到达，最后材料还是出现了问题。阿尔在开始演讲前半个小时，还不见材料的踪影。阿尔打电话向安妮怒吼："材料为什么还没有到？你知不知道会议马上要开始了！"

安妮赶紧给快递公司打电话，但已经来不及了，材料送到的时候，阿尔的演讲已经开始了半个小时。为此，会议结束后，安妮被解雇了。

在执行的过程中，最后的关键时刻没把工作落实，最后一个小环节没有到位，就会前功尽弃，不仅"煮熟的鸭子飞了"，还有可能造成不可挽回的损失。

要赢得成功，就应当自觉戒除糊弄工作的错误态度，为自己的工作结果树立标准，严格地落实到最后一个环节。因为最后的一节往往是至关重要的，它决定了你的工作是否有效果。

有一个奇妙的"30天荷花定律"能说明最后的环节有多么重要。

荷花第一天开放时只是一小部分，到了第二天，它们就会以相当于前一天两倍的速度开放。到了第30天，荷花就开满了整个池塘。

很多人以为，到第15天时，荷花开了一半。然而，事实并非如此！到第29天时荷花才开了一半，最后一天便开满全池。

最后一天的速度最快，等于前29天的总和。

差一天，就会与成功失之交臂，越到最后，事情越关键、越重要。就像打锣一样，我们说"一锤定音"，就是指铜匠打下的最后一锤是最关键的。

有一个专打铜锣的铺子里的工匠师傅已近70岁了，还每天坚持掌锤。每到打锣心的时候，老工匠就会使足力气打下最后一锤。原来，锣心的一锤与周边的锤法都不一样，锣心以外的每一锤都只是准备，最后的一锤才是定音的，或清脆悠扬，或雄浑洪亮，都因这一锤而定。最后一锤，要打得不轻不重，恰到好处。这一锤打好了，就是好锣，否则，这只锣就报废了。不论多么优质的铜材，不论剪裁的尺寸多么合适，也不论一开始打了多少锤，这些都不是最重要的，恰到好处的最后一锤才是一只锣制造成功的关键。

真正有效的执行就是如此，不管我们在哪个领域做什么事情，一旦明确了工作的目标，就一定要坚持不懈地做下去，做到底，做到位。每个人在行动的过程中，都会遇到许多问题和困难，要成为一个优秀的人才，你就不能在过程中失去耐心，只有不断激励自己，对工作负责到底，才能保证执行的结果。

▶ 执行不到位，让对手赢得先机

执行不到位，就会导致成本的增加，成本的增加意味着利润的降低。执行不到位的危害不仅仅在于此，在市场竞争空前激烈的今天，执行一旦没有到位，就会让对手赢得先机，使自己处于被动的地位。

2002年，华为接受俄罗斯一家运营商的邀请，派遣几名技术员到莫斯科，要他们在短短的两个月内，在莫斯科开通华为第一个3G海外试验局。

但是受邀请的不只华为一家，第一个被邀请的是一家比华为实力更强的公司，也就是说，华为的员工是受邀前去调试的第二批技术人员。于是，他们就和第一批技术人员形成了一种"一对一"的竞争关系。

由于对手实力很强，一开始莫斯科运营商对华为的技术人员并不是很重视，不仅没有为他们提供核心网机房，甚至不同意他们使用运营商内部的传输网。缺乏这些必要的基础设施，华为的技术员开展工作时受到了很大的阻碍，因此，华为的员工压力很大，他们一直在思考怎样才能做得更好，以赢得运营商的信任。但眼看到了业务演示的环节，华为的技术员以为已经没有希望了。

未曾预料的是，恰好这时候，对方的技术人员在业务演示中出现了一些小漏洞，引起了运营商的不满。为了弥补这些小漏洞，运营商决定将华为的设备作为后备。

于是，华为的几位员工紧紧抓住这个机会，夜以继日地投入工作中，最终向运营商完美地演示了他们的3G业务。

看完演示之后，运营商禁不住竖起了大拇指，立刻决定将华为的3G设备从备用升级为主用。

就这样，对手工作中的一点小失误和不到位的执行让华为赢得了机会。

相信另一家公司前期也做了很多工作，他们的技术人员付出的辛苦和努力一定不比华为的员工少，但是仅仅由于演示中没有把工作做到位，就被华为抓住了机会，最终反败为胜，赢得了项目。

事实上，这样的案例数不胜数。

2002年，著名手机生产商摩托罗拉推出了彩屏手机，引发了市场热潮。各手机生产商都开始积极研发该技术。当时韩国手机品牌三星也已掌握该项技术。但这时，摩托罗拉却因为生产环节出了问题而无法大批生产，导致把大量的市场份额拱手让给了对手三星。

这些不都是"执行不到位，不如不执行"的生动写照吗？执行不到位，就给了对手可乘之机。执行力就是竞争力，如果能够执行到位，比对手先行一步，就不会错过本该属于自己的机会，甚至可以在对手出现失误时，及时弥补市场空缺，变劣势为优势，赢得本来不属于自己的机会。

第二章
业绩是检验执行力的唯一标准

业绩是检验执行力优劣的标准

怎样的执行才是好的执行？企业执行的终极目标是利润，而利润要靠业绩来体现，没有业绩的执行是没有意义的。可以说，业绩是检验执行力的唯一标准。

"业绩至上"是所有企业的生存准则。无论是企业还是个人，其价值都是通过业绩体现的。

于强在一家电器公司担任市场总监。他原本是公司的生产工人，1992年公司招聘营销人员时，他申请加入营销行列，并且通过了各项测试，经理便同意了。

那时，公司的规模不大，只有30多人，许多市场等待开发，而公司又没有足够的财力和人力，每个市场只能派一个人，于强被派往西部的一个市场。于强在那个城市举目无亲，吃住都成问题，但他相信这是在为自己工作，他一定能有收获的那一天。没有钱坐车，他就步行去拜访客户，向客户介绍公司的电器产品。为了等待约好的客户，他常常顾不上吃饭，因此落下了胃病。他租了一间闲置的车库居住，由于屋内没有电灯，晚上只要卷帘门一关，屋子里就没有一丝光线……

那个城市的气候不好，春天沙尘暴频繁，夏天时常下雨，冬天则经常下冰雹，对于一个物资匮乏的推销员，这简直就是一个巨大的考验。有一次，于强差点被冰雹击晕。公司提供的条件太差，远不像于强想象的那样。有一段时间，公司连产品宣传资料都供应不上，好在于强写得一手好字，自己花钱买来复印纸，用手写宣传资料。

在这样艰苦的条件下，不动摇几乎是不可能的，但每次动摇时，于强都会对自己说："我是在为自己工作，为了自己和家人也要坚持下去。"一年后，派往各地的营销人员都回到公司，很多人早已不堪忍受工作的艰辛而离职了，在剩下的这些营销人员中，于强的业绩是最好的。

后来，于强凭自己优秀的业绩当上了公司的市场总监。

无论黑猫白猫，能够抓住老鼠的就是好猫；无论多干少干，能够干出业绩的员工就是好员工。

有一位房地产销售总监说："所有企业的管理者和老板，只认一样东西，就是业绩。老板给我高薪，凭什么呢？最根本的就是要看我所做的事情能在市场上产生多大的业绩。现在就是以业绩论英雄的时代。"

1994年，初进微软的唐骏没去成他想去的市场部门，而成了微软Windows NT开发组的程序员。那时微软拥有像唐骏这样的工程师不下万人。

如何在这些小工程师中脱颖而出呢？

他找准了方向：业绩。

在微软Windows NT开发组，当时开发Windows的程序是这样的，先做英文版，再由一个300多人的大团队开发成其他语言版本。这样的结果是，其他版本的上市落后于Windows英文版几个月甚至是几年。

唐骏认为这种办法是很有局限的。半年后，他经过实验，拿出了自己的解决方案。他的方案十分合理，微软很快任命唐骏为该方案的负责人。该方案为公司的效率带来巨大的提升，唐骏由此被提升为部门经理。

1998年，微软要在中国展开强势的发展。唐骏凭借自己的技术优势、管理优势，以及身为中国人的优势，获得了到中国上海创办大中国区技术支持中心的机会。他在没有一兵一卒的情况下，亲自面试，首批招收了27名员工，迅速构建了"上海微软"最初的班底；3个月后，管理系统初步建成，技术中心开始运转；6个月后，唐骏领导的技术中心各项运营指标已位居微软全球5大技术支持中心之首。唐骏因为出色的业绩获得了微软公司的最高荣誉——比尔·盖茨总裁杰出奖。

凭借突出的业绩，唐骏由一个小小的程序员一步一步走到了微软中国总裁的位置。他的路程完美地验证了"业绩证明一切"。

在市场竞争如此激烈的今天，老板首先要考虑的是公司的生存与发展，高帽戴着再舒服也比不上公司利润的增长。无论在中小企业，还是在世界500强的顶尖企业，老板心中最有执行力的职员，一定是那些业绩斐然的员工。

西门子评价员工就是看业绩、行为方式，而不是看国籍。

在沃尔玛，拥有一张MBA文凭不一定能够得到主管的赏识，除非有杰出的工作业绩来证明自己的实力。

在IBM，公司的每一位经理会告诫员工，荣誉是建立在个人业绩基础上的。为了鼓励作出成绩的员工，IBM的经理都会采用实际的举措，慷慨地奖励那些实现目标的下属。

在工作中，很多人拥有很高的学历，却总是没有很好的业绩。学历只能证明你曾经的过往，并不能代表以后的辉煌，不要以学历为傲，也不要局限于学历的困境。要靠业绩说话，业绩才是你最可靠和最有效的通行证，意识到这一点，你才能突破自己，取得佳绩。

🔴 创造业绩是员工生存之本

古罗马皇帝哈德良手下的一位将军，觉得自己应该得到提升，便在皇帝面前提到这件事，以他的长久服役为理由。"我应该升到更重要的领导岗位"，他说，"因为我的经验丰富，参加过10次重要战役。"

哈德良皇帝是一个对人才有着高明判断力的人，他并不认为这位将军有能力担任更高的职务，于是他随意指着绑在周围的战驴说："亲爱的将军，你看这些驴子，它们至少参加过20次战役，可它们仍然是驴子。"

可见，有经验与资历并不是衡量能力的标准，无论你在这个岗位上服务了多少年，创造业绩都是你的生存之本。有些人有10年的工作经验，却不过是一年的经验重复10次而已。只会重复工作，而不会运用想象力与创造力去创造业绩的人，不仅碌碌无为，还有可能在激烈的竞争中惨遭淘汰。

有位哲学家乘船出海，一路上风光迷人，他和船夫聊起天来。

他问船夫："你懂哲学吗？"

船夫说："我不懂。"

哲学家就用轻蔑的口吻说："那你失去了一半生命。"

之后，哲学家又问："你懂数学吗？"

船夫说："不懂。"

哲学家又遗憾地说："那你又失去了一半的生命。"船夫选择沉默。

过了一会儿，海上突然起了大风，一个巨浪把船打翻了，哲学家和船夫都掉进了水中。

看着哲学家在水中死命挣扎，船夫问道："你会游泳吗？"

哲学家惊恐地喊道："不会！"

船夫平静地说："那你就失去了整个生命。"

不会游泳，你就没有抵抗风雨的能力；没有业绩，你也就失去了生存的资本。工作履历中，唯有业绩这一栏是无法空白的，只有业绩才最有说服力，它赋予了人生太多的意义。无论是老板还是员工，无论是老员工还是新员工，每个人都要以业绩为导向，因为业绩是职场中人的生存之本。无论你是想加薪还是想得到提升，都必须拿出业绩来。

曹娟在一家服装公司做销售工作，业绩一直不错。后来，公司为了开拓第三市场，决定减少服装的生产量，裁减员工，以达到压缩成本的目的，资金被转向了第三产业——房地产业。

现在，所有员工都面临着被裁员的危险，人人自危。销售部要裁去一半人员，这不能不让所有销售人员心里打起鼓来。大家平常工作都差不了太多，谁走谁不走呢？

面对这种情况，曹娟却镇定自若，似乎并没有太在意。最后的结果是，销售部人员走了一半，副主管也被辞退了，而由曹娟担任此职。

原来，曹娟在平常的工作中，就十分注意整理所有客户的资料，又利用业余时间学习编程工作，为公司建立了一个庞大的数据库。这个数据库的建立为销售渠道的正规化提供了科学的依据，大大地提高了工作效率。早在一个月前，曹娟就向主管递交了这个数据库，并得到了认可，正在等待讨论通过与实施。

升职后的曹娟除了将销售方式正规化外，还积极联系境外的销售客户。当第一笔与意大利出口贸易签单时，总经理发现曹娟竟能用流利的意大利语与客户交谈，不禁对她另眼相看。不久，曹娟升为副经理，成为这家公司的骨干。

业绩是企业的生命，也是员工的生命。每一个企业都把业绩看做衡量员工的重要标准之一。能为公司带来业绩的员工是企业最宝贵的财富，再有耐心的老板，也不可能容忍一个长期没有业绩的员工。

我们要懂得，任何获得都来源于你的奉献，提供价值是获得认可和回报的唯一原因。想要更多的回报，就要踏踏实实地为公司创造更多的价值。把自己的工作做得比别人更完美、更迅速、更正确、更专注，调动自己全部的才智全力以赴，在获得相应回报的同时，也为日后的成功埋下了伏笔。积累到了一定阶段，酵质就会开始膨胀，说不定某一天你就会做出连自己都不敢置信的惊人成就。

▶ 不要满足于尚可的业绩

美国富兰克林人寿保险公司前总经理贝克曾经这样告诫他的员工："我劝你们要永不满足。这个不满足的含义是指上进心的不满足。这个不满足在世界的历史中已经促成了很多真正的进步和改革。我希望你们决不要满足。我希望你们永远迫切地感到不仅需要改进和提高你们自己，而且需要改进和提高你们周围的世界。"

追求永无止境，只有永不满足的人才能够在事业上获得一个又一个上升的台阶。能够在事业上出类拔萃的人，对于什么是优秀的表现都有一套高于常人的标准，并且会切实地朝着这样的标准迈进。在不断挑剔自我、不断改变现状的过程当中，他们会发现工作中出现的一个个问题，并加以修补、调整，从而完善自己，然后朝着更高的目标奋进。

不要满足于尚可的业绩，因为尚可的业绩人人都可以做到。人生就像逆流而上的小舟，不进则退，如果你满足于一点点小成绩，裹足不前，那么你很快就会被别人取代。没有一家公司的老板喜欢骄傲自满的员工，只有那些不满足于平庸，用高标准严格要求自己，不断学习、不断提高自己的员工，才会有更加出色的表现，才能更受老板的青睐。

杰克是一家纺织公司的销售代表，他对自己的销售纪录引以为豪。曾有一次，他向老板表白，自己是如何卖力工作，如何劝说服装制造商向公司订货，可是，老板听后只是点点头，淡淡地表示认可。

杰克鼓足勇气："我们的业务是销售纺织品，对不对？难道您不喜欢我的客户？"

"杰克，你把精力放在一个小小的制造商身上，值得吗？请把注意力盯在一次可订3000码货物的大客户身上！"老板直视着他，说道。

杰克明白了老板的意图——老板要的是为公司赚到大钱。于是杰克把手中较小的客户交给另一位销售代表，自己努力去找大客户——能为公司带来巨大利润的客户。最后他做到了，为公司赚回了比原来多几十倍的利润。

在激烈的市场竞争中，企业只有变得更强才不会被淘汰，所以企业的目标总是长远的，老板对于员工的期待总是在不断提高。作为员工，只有和企业共同进步，才能够在企业中长久地生存。不思进取的员工不但得不到发展，说不定还会在日益激烈的工作竞争中被淘汰。

一位寿险公司的业务员参加工作前过着极为普通的生活。加入寿险公司后，他很努力，规定自己每个月访问100位客人。他总有一些机会接触到大人物——大多是公司总经理级人物，于是他想方设法抓住这些大客户。

虽然他每次在拜访这些大人物前，多少有些紧张，然而当他和这些大人物会面时，紧张感就立刻消失，而且尽量投其所好，寻找对方感兴趣的话题。每次拜访这些大人物之后，他的业绩总是远比拜访那些小客户好得多。

一个穷酸小子就这样成了职场成功人士，他也成功地赢得了老板的青睐。于是，他开始不那么拼命了，尽管他完全有能力去说服更多的大客户购买他的保险，但由于他不常去拜访客户，所以一年内，他只谈成了两三笔大生意。然而，他还没有意识到事态的严重性。日子就这样一天天过去了，一年后，他的名字从公司光荣榜移到了即将被裁的名单中。

由此可见，要想在职场中长期生存，就要不断提升自己，永不满足现状。

新希望集团总裁刘永行说过："如果我们每个人不是把事情做到9分，而是做足10分，如果整个企业所有人都这样，我相信我们的员工就能拿到10倍于现在的工资。如果我们每个人的工作都再改进一点，做足11分，尽到12分的责任，我们就能够赶上欧美。企业发展了，个人也才会随之发展。"和自己较劲的员工，才能在不断的努力和拼搏中为改变自己的命运争取到更大的舞台。

▶ 业绩升华人生

一个企业的境界或者一个人的境界都要靠你创造的价值和非凡的业绩来升华。

爱迪生，只上过3个月的小学，12岁做铁路上的报童，15岁在火车站当电报员，但他一生中却有约2000项创造发明，成为人类历史上最伟大的发明家。

法拉第，一生中几乎没有受过什么正规教育，12岁起在一家书店当报童、装订学徒工。工作之余，他拼命读书，后来成为电磁学奠基人，发现了电磁感应现象、电解定律和光与磁的基本关系，创立了现代电磁场的基本概念，为人类进入电气化时代作出了杰出贡献。

王永庆，15岁上完小学就被迫离开学校，在一家米店当小帮工。工作中，他认真学习管理和经营知识，凭着实干的精神和卓越的远见，成为台湾"塑胶大王"，被1988年7月7日出版的美国权威杂志《福布斯》评为全球10亿美元以上资产的大富豪中的第16名，资产高达40亿美元。

自己的人生自己策划，自己的命运自己把握。不断刷新自己的业绩，你会发现你的潜能正在得到不断的开发，你自身的价值正在得到不断的体现和提升，你已经在个人成长的道路上前进了一大步。

15岁那年，梅西家中一贫如洗，只受过短暂学校教育的他到一个山村做了马夫。然而，梅西并没有自暴自弃，他无时无刻不在寻找发展的机遇。三年后，梅西来到钢铁大王卡内基所属的一个建筑工地打工。一踏进建筑工地，梅西就抱定了要做同事中最优秀的人的决心。当其他人在抱怨工作辛苦、薪水低而怠工的时候，梅西却默默地积累着工作经验，并自学建筑知识。

一天晚上，同伴们在闲聊，唯独梅西躲在角落里看书。那天恰巧公司经理到工地检查工作，他看了看梅西手中的书，又翻开梅西的笔记本，什么也没说就走了。第二天，公司经理把梅西叫到办公室，问："你学那些东西干什么？"梅西说："我想我们公司并不缺少打工者，缺少的是既有工作经验又有专业知识的技术人员或管理者，对吗？"经理点了点头。

不久，梅西就被升为技师。打工者中，有些人讽刺挖苦梅西，他回答说："我不光是在为老板打工，更不单纯是为了赚钱，我是在为自己的梦想打工，为自己的远大前途打工。我们只能在业绩中提升自己。我要使自己工作所产生的价值，远远超过所得的薪水，只有这样，我才能得到重用，才能获得机遇！"

抱着这样的信念，梅西一步步升到了总工程师的职位上。25岁那年，梅西又做了这家建筑公司的总经理。

命运就在自己手中，握紧命运，做个勤奋出色的人，无论在哪个岗位上，无论在什么时候，都不要因为任何挫折而放弃对自我价值的追求。《钢铁是怎样炼成的》一书中保尔·柯察金说："人生最宝贵的是生命，生命对于每个人来说只有一次。当他回首往事的时候，不会因虚度年华而悔恨，也不会因碌碌无为而羞愧。这样，他在临死的时候就能够说，我的整个生命和精力都献给了世界上最壮丽的事业——为人类的解放而斗争。"也许我们做不了那么崇高的事业，但我们能够在踏踏实实的工作中看到自己的进步，积极地去奋斗，去领略拼搏的意义。

第三章
卓越：执行没有最好，只有更好

▶ 不论做什么，都要以最好为目标

如果99.9%就算够好了的话，那么，在美国——

每年会有11.45万双不成对的鞋被船运走；

每年会有20077份文件被美国国家税务局弄丢；

每年会有25077本书的封面被装错；

每年会有2万个处方被误开；

每年将有55077盒软饮料质量不合格；

每天将有3056份《华尔街日报》内容残缺不全；

每天会有12个新生儿被错交到其他婴儿的父母手中；

每天会有2架飞机在降落到芝加哥奥哈拉机场时，安全得不到保障；

每小时会有18322份邮件投递错误；

……

面对激烈的竞争，你应该不断地追求完美的结果，你需要制定一个高于他人的标准。

也许你曾经为了考上名牌大学而奋力拼搏，也许你在公司中的业绩经常名列前茅，也许没有你的参与一些大项目根本不能进行得如此顺利，也许……这能说明什么呢？这只能说明你在过去的生活中付出了一定的努力，但是从更大的范围来看，我们在很多地方可能还不如其他人。而且，我们离未来的目标还差很远，如果我们投入得更多，那我们取得的成就就不是今天所能比的。我们的目标不是"一般"，也不是"足够好"，而是更好、更卓越。

《把信送给加西亚》一书是这样定义卓越的：

卓越就是比别人更执著；

卓越就是比别人更敢于冒险；

卓越就是比别人更敢于梦想；

卓越就是比别人有更高的期望。

有个刚刚进入公司的年轻人自认为专业能力很强，对待工作很随意。有一天，他的老板交给他一项任务——为一家知名企业做一个广告策划案。

这个年轻人见是老板亲自交代的，不敢怠慢，认认真真地做了半个月。半个月后，他拿着做好的方案，走进老板的办公室，将方案恭恭敬敬地放在老板的桌子上。谁知，老板看都没看，只说了一句话："这是你能做的最好的方案吗？"年轻人一怔，没敢回答。老板轻轻地把方案推给年轻人，年轻人什么也没说，拿起方案走回自己的办公室。

年轻人冥思苦想了好几天，修改后交给老板，可老板还是那句话："这是你能做的最好的方案吗？"年轻人心中忐忑不安，不敢给予肯定的答复。于是，老板又让他拿回去修改。

这样反复了四五次，最后一次的时候，年轻人信心百倍地说："是的，我认为这是最好的方案。"老板微笑着说："好！这个方案批准通过。"

有了这次经历，年轻人明白了一个道理：只有持续不断地改进，工作才能做好。这以后，在工作中他经常自问："这是我能做的最好的方案吗？"然后不断进行改善。不久，他就成为公司不可缺少的一员，老板对他的工作非常满意。现在这个年轻人已经成了部门主管，他领导的团队业绩一直很好。

每个职场人士都有自己的选择，你可以选择一种得过且过的生活，当然你也可以选择一种追求完美的生活。成功者成功的秘诀在于他们要做就做到最好。把目标定在山顶，你就能走到山腰；而假如你的目标只定在山腰，那你可能只能在山脚下徘徊。

沃尔特·克朗凯特是美国著名的电视新闻节目主持人。有一次，他负责采写一篇关于学校田径教练卡普·哈丁的文章。由于当天有一个同学聚会，于是他敷衍了事地写了篇稿子交上去。第二天，总编把他单独叫到办公室，指着那篇文章说："克朗凯特，这篇文章很糟糕，你没有问他该问的问题，也没有对他做全面的报道，你甚至没有搞清楚他是干什么的。"接着，他又说了一句令克朗凯特终生难忘的话："要记住一点，如果想做什么事，就得把它做到最好。"

在此后70多年的职业生涯中，克朗凯特始终牢记着总编的训导，对新闻事业始终抱持精益求精的态度。

如果你不论做什么事，都能尽力做到最好，你就会发现很多未开发的创意与知识宝库会对你敞开大门。每一个人都有超越自己的能力，之所以不能实现超越，是因为他没有"要做就要做到最好"的目标。只要从现在开始，为自己设立跨入成功人士行列的目标，并且开始积极地行动，那么任何一位员工都能够超越平凡的自己。既然完全可以选择卓越，为什么偏偏要选择平庸呢？

▶ 永远不要说"做得够好了"

事物永远没有"够好"的时候。

在公司中，普遍存在着这样一种人，他们认为自己的工作都已经做了，当客户表示不满意时，他们习惯说："我已经做得够好了，是客户太挑剔了。"其实，无论客户、上司还是老板，真正存心挑剔的时候并不多，他们提出的要求，都是迫于某种需要。客户担心产品出问题；上司怕工作质量影响业绩；老板则更是迫于市场的巨大压力才严格要求，因为他从来都无法对市场说："这样的结果已经够好的了，你降低要求吧！"市场是无情的，有时可能只是比竞争对手逊色一点点，就会被淘汰出局。

2006年3月8日，全聚德和平门店大厅里坐了一群特殊的客人，她们是全国三八红旗手的代表，今天被请到全聚德品尝北京的烤鸭。

大家落座后，准备停当，只见一位中年女服务员以娴熟的动作将香喷喷的烤鸭快速地片成了鸭肉片，那鸭肉片薄厚均匀，铺在盘上，煞是好看。

片完鸭肉，她又为在座的客人每人卷了一卷鸭肉饼，并细心地向客人讲解全聚德的历史和烤鸭的部分工艺。最后，这位服务员还耐心地回答了客人们的提问。她的每一步服务都准确到位，博得了客人的好评。

这位服务员不是别人，正是全聚德的服务大师赵艳萍。她在全聚德已经工作28年了，每一次服务她都要求自己做到最好，以一颗赤诚的心面向顾客，不论服务对象是国际国内政要还是普通百姓。赵艳萍最常说的一句话就是："在全聚德，要让顾客享受到的不只是烤鸭。"全聚德不仅在服务水平上力求更体贴、更周到，在烤鸭的质量上多年来一直追求精益求精。

为了保证烤鸭质量，全聚德通过测定水质和土壤来选定鸭种和大葱等原料的生产基地；严格筛选不超过3斤的鸭子，并在鸭子的处理中由专人负责每一道工序，而且在鸭坯出场和入炉时再进行两次检查；鸭坯要在一定的烤炉中烤制并达到规定的重量、颜色、口感、温度等质量标准；烤鸭必须在出炉后三到四分钟内上桌；等等。通过细致入微的规定，全聚德力求保证出炉的每一只烤鸭都是精品。

正因为多年来对卓越品质的不断追求，全聚德烤鸭才能成为历史悠久、蜚声中外的餐饮品牌。企业应该追求卓越，这样才能创造出更多的辉煌；个人也应该不断追求更加优异的表现，才能够取得事业上的成功。

习惯于说自己"做得够好了"是对工作的不负责任，也是对自己的不负责任。工作永远没有"够好"的时候，只有不断进取，把工作"做到最好"，才能真正成功。

2005年2月，沈阳鼓风机（集团）有限公司的"五朵金花"攻关组在北京人民大会堂被中华全国总工会授予全国五一巾帼奖和全国五一劳动奖状。五位年轻女工程师王英杰、王广兰、张玉珠、葛丽玲、严鸿，她们主持设计了我国首台4万立方米流量空气压缩分离装置，这一项目填补了我国大型空气压缩机组国产化空白，打破了长期以来美、德、日等国对此类大型机组的市场垄断。

而实际上，她们自身的条件在完成这样一个大项目中并不优越。"五朵金花"中，王英杰和张玉珠只是中专、技校的底子。在机械设计领域，女同志要做出比男同志更突出的成绩，没有强烈的进取心是不可能的。机械设计人员要下车间、试车等，无论是脑力上还是体力上都属于高强度。

但是，她们敢于挑重担，并且积极进取。王英杰进入公司第二年就报考了东北大学专科升本科，两年后，获得工学学士学位；而后又进入了公司与东北大学联办的MBA进修班学习。"我们的共同点就是要强、不服输、不断进取。""五朵金花"在总结自己成功的经验时，都谈及了此点。

追求完美、不断进取会让我们工作起来永不满足，这一点对于职场中的人来说很重要。自我满足就意味着停滞不前，一旦一个人自以为工作做得很出色了，他就会故步自封，难以突破自我。当你把为客户提供最佳的产品和服务作为一种习惯时，就能从中学到更多的知识，积累更多的经验，就能从全身心投入工作的过程中找到"把工作做到最好"的快乐。

▶ 不但要最快，还要最好

20世纪90年代，一向顺风顺水的微软受到了市场的严重冲击，它需要一套真正能与主流规格接轨的操作系统，换句话说，一套基于Unix技术的操作系统。盖茨说，这是（微软的）新技术（New Technology），因此命名为NT。

NT的开发需要多久？专家说，难以预测。微软自己的开发人员说，以微软当时的技术水平及软件开发管理能力，NT的生日遥遥无期。

但是，机会来了。当时电脑界仅次于IBM的二号巨人迪吉多（Digital）修改战略，部分人才人心浮动。盖茨从迪吉多挖来了一位Unix大师，给他的任务是以最快的速度开发出以Unix技术为核心的NT，不但要最快，还要最好。

面对这项"又要马儿跑，又要马儿不吃草"的无理要求，这位临危受命的NT开发负责人的第一反应是拒绝。经过几天的思考，他问自己："如果吃好草才能跑得快，要我又有何用？"于是他对盖茨说："我答应你做这项不可能的任务，但你不要管我用什么方法。"

他回到办公室，把所有正在开发NT的主要人物召集起来，问他们："你们现在在用什么工具开发NT？"

大家都回答说，用的是微软过去已积累的语言工具及软件模块。他接着问了一个关键问题："我们就是因为微软过去的东西不行，才要开发NT，现在你们用不行的东西开发新东西，出来的结果一定不行。"

接着他下令，现在走回各自的办公室，把电脑中所有微软的工具都卸下来，他们自己重新开发工具，再用自己开发的工具来开发NT。

一般来说，新工具的开发需要严密的控制，否则会产生规格不合的问题。各人各自为政，意见就无法一致。

结果当然可想而知，各个软件才子天天吵得天翻地覆，但项目压力迫使每人无法再坚持自己的"地盘"与"价值观"，能力差的相继离职，剩下的人员多为能判断技术优劣的人，以及能够忍受面子受损的人。他们知道，如果自己用"私有"的观点做东西，最终一定会被群狼攻击。

有一天，一名工作人员对这种现象做了一个总结，他做了一个大横幅，贴在办公大厅入口处。横幅上写的是：

自己的屎自己吃！（Eat Your Own Shit！）

每隔一段时间的规格"碰头会"，逐渐变为每天一次的"见真章"。在软件开发术语上，这叫做Daily Build（每日构建）。前一天晚上8点截稿，夜班人员进场，将日班人员的成果构建成系统，第二天一早日班人员上班时，所有的规格冲突及"虫子"（bug）便已呈现在他们眼前。接着，辩论开始！

在高压力下，人员的情绪开始发生变化，有人搬进了办公室，有人上班时必须把家里的狗带来，以安抚自己的神经。整个NT开发过程中，离职者不计其数，因此离婚的至少有8名员工。结果是，微软渡过了它历史上的第一次惊涛骇浪。但是，鲜有人知道这浪头有多险，就在预定的产品全球发布会的前4个礼拜，NT还有4000多个"showstopper"（足以让NT在执行过程中死机的"虫子"）！后来微软遇到企业史上第二次灭顶之灾（Internet Java的规格威胁）的时候，比尔·盖茨基本上用同样的方法渡过了难关。

管理学认为，大多数人有70%的潜能都是沉睡的。很多人认为一个人的才能来源于天赋，而实际上，一个人的成功并不完全依赖于他的天赋，更关键的是他总能比别人更加严厉地要求自己。为什么在微软，看似不可能完成的任务最终却做成了？就因为他们的员工都在用最快的速度、最好的质量严格地要求自己。

我们总是羡慕那些成功人士所获得的鲜花、掌声和财富，却常常忽略这些成功背后的艰辛。如果你也能像微软的员工一样愿意强迫自己去完成看似根本完成不了的任务，愿意在巨大的压力下去挑战自己的极限，可以肯定，有一天你会和成功碰面。

▶ 更多准备，走出平庸的"孤岛"

事物总要经历一个从量变到质变的发展过程。罗马不是一天建成的，卓越也不是偶然发生的，它必定要经过一个由量变到质变的过程。量变不会停止，而质变却不常出现。于是，一些人开始被看似不变的表象所迷惑，他们丧失对明天的期望，变得不思进取；或者安于现状，认定昨天拥有的，今天还能够拥有，明天也不会失去。

当有一天，质变突然到来，安稳突然消失时，他们才发现自己已经一无所有了。

所以，置身职场，我们一定要比别人做更多的准备，不能安于现状，只有打破今天的平庸，明天才可能拥有卓越。

很久很久以前，非洲大陆的一个角发生了漂移，漂到了海中成为一个孤岛。

在漂移过程中，有的部落漂到了海岸，有的部落被海水吞没。岛屿停止漂移时，上面只剩下了玛族人和相族人。两个部落世世代代都是冤家，连年发生战争，每次都以弱小玛族的失败而告终。

在这个岛上，相族人依然占据着绝对的优势。当玛族人因为和相族人同居孤岛而愁眉不展时，相族人却在举杯庆贺。相族族长举起酒杯，无比兴奋地说："上天真是太厚待我们了，给了我们这个岛屿，这里没有狮子、猎豹和老虎，连猴子都没有，这里就是我们相族的天下。至于小小的玛族嘛，根本就不用放在眼里！"相族成员听了族长的讲话，发出一阵欢呼声。是的，在这个岛屿上，他们的确是绝对的王者，他们完全有理由从此高枕无忧。

与此同时，玛族人则在讨论如何打败相族人，或者把相族人赶出岛屿，以夺取岛屿的统治权。在大陆时代，打不赢可以跑，相族人还不是最大的威胁，而如今在孤岛上，往哪儿跑呢？能否取得统治权已经关系到玛族的生死存亡了。当玛族成员七嘴八舌地献计献策，描绘着有朝一日奴役相族人，并让相族人为他们做苦力的美好前景时，有一个叫连天的玛族成员却向族长提出了不同的意见："我们为什么一定要与相族为敌呢？在大陆生活时，威胁我们的不仅仅是相族人，还有狮子、猎豹和老虎，甚至狼也能把我们列进它们的菜谱。如今，生活在这个孤岛上，很多威胁都不存在了，只要相族人不主动与我们为敌，我们就没有必要去攻打他们。这个岛屿是我们和相族人共同的家园，我们不能用战争去破坏甚至毁灭它。"

连天的意见得到了大多数成员的认可，也得到了族长的支持。

"其实，我们目前面临的矛盾，并不是与相族的矛盾，而是我们与自然的矛盾。这个岛屿的生存环境要比大陆恶劣得多，我们应该更多地关注脚下这片土地，而不是关注相族人的举动。"连天一边说，一边说出了他最近的发现。他通过研究和观察，发现孤岛有下沉的趋势。

"如果岛屿沉入大海，即使打败了相族，我们也算不上胜利者。"族长当即派人日夜监测岛屿的变化，同时派人研究并制造大船，以备离开岛屿时所需。那时候，还没有谁制造过大船。

玛族的决定传到了相族，相族族长哈哈大笑："真是杞人忧天，这么大一个岛屿，是说沉就沉的吗？我们可以在这里生活数百年、数千年，甚至永远生活下去！这是最舒适的地方，我们哪儿也不去！"相族的其他成员也这么认为。

时间很快过了两年，玛族人时刻没有放弃对岛屿的监测，也时刻在为离开岛屿做准备。有一天，负责监测岛屿的人跑来报告：岛屿突然加快了下沉速度，原因是非洲大陆离岛屿最近的地方发生了强烈的火山爆发和地震。

玛族上上下下惊作一团，好在负责技术开发的人送来了好消息：迁离岛屿所需的大船全部制造完成！

事不宜迟，族长立即找连天商量。连天不仅通地理，还通天文。他对族长说："三日内有大风暴朝大陆方向刮去，正是迁离孤岛的好时机。"族长当即下令："做好出发前的一切准备，风暴一开始，就实施迁离行动。"

逃命的时候到了，玛族族长虽然对相族人没有好感，但出于善意，还是通知了相族人。每一个相族人都不以为然，还嘲笑了玛族人一番。"哪里还有比这更好的地方？人要学会满足，别像玛族人那样好高骛远！"相族族长不失时机地教育着家族成员。

事实上，相族不仅没有船，而且连造船的技术也没有。

第二天黄昏，风暴来了，玛族族长和部落的所有成员乘上大船下海了。

第三天早晨，玛族迁移成功，除两只船被风浪打翻外，其余的都安全到达了非洲大陆。而相族人呢？当他们一觉醒来时，发现周围一片汪洋。他们没有船，也不会造船，即使会，也来不及了。他们试图游过海峡，但一个也没有成功。最终，相族人随着岛屿沉入了大海。

这一次，相族彻底失败了，但不是被玛族打败的，而是败于他们自己的安于平庸。

在现实生活中，很多人的失败，很多企业的衰亡，常常不是因为外界给予的打击，而是因为自己选择了安于平庸、安于现状，不为明天做准备。

"平庸"不是平坦的陆地，而是一座时时有着下沉危险的小岛。生活从来都是公平的，它不会偏爱任何人。没有准备的人，只能安于今天的生活，明天的事情谁也想不到；有准备的人，可以享受生活；有更多准备的人，能创造生活。那些走出平庸的"孤岛"的人，往往就是能创造生活的有更多准备的人。

第四章
细节到位，做好小事成就大事

▶ 留意细节中的魔鬼

老子曾说："天下难事，必作于易；天下大事，必作于细。"20世纪最伟大的建筑大师密斯·凡·德罗用一句话来描述自己成功的原因时也说："魔鬼藏在细节之中。"

细节到位，执行才能到位。工作中的细节看起来毫不引人注意，很多时候却能够影响全局。把每个环节做到完美是工作的重中之重，如果工作中的任何一个环节出现一个小小的纰漏，就有可能造成难以估量的损失。

在英国历史上，有一则著名的"一马失社稷"的故事，告诉了我们"魔鬼藏于细节之中"的道理。

国王理查三世准备拼死一战了。里奇蒙德伯爵亨利带领的军队正迎面扑来，这场战斗将决定谁统治英国。

战斗进行的当天早上，理查派了一个马夫去准备自己最喜欢的战马。

"快点给它钉掌，"马夫对铁匠说，"国王希望骑着它打头阵。"

"你得等等，"铁匠回答，"我前几天给国王全军的马都钉了掌，现在我得找点儿铁片来。"

"我等不及了。"马夫不耐烦地叫道，"国王的敌人正在推进，我们必须在战场上迎击敌兵，有什么你就用什么吧。"

铁匠埋头干活，从一根铁条上弄下四个马掌，把它们砸平、整形，固定在马蹄上，然后开始钉钉子。钉了三个掌后，他发现没有钉子来钉第四个掌了。

"我需要一两个钉子，"他说，"得需要点儿时间砸出两个。"

"我告诉过你我等不及了，"马夫急切地说，"我听见军号了，你能不能凑合？"

"我能把马掌钉上，但是不能像其他几个那么牢实。"

"能不能挂住？"马夫问。

"应该能，"铁匠回答，"但我没把握。"

"好吧，就这样，"马夫叫道，"快点，要不然国王会怪罪到咱们俩头上的。"

两军交上了锋，理查国王冲锋陷阵，鞭策士兵迎战敌人。"冲啊，冲啊！"他喊着，率领部队冲向敌阵。远远地，他看见战场另一头几个自己的士兵退却了。如果别人看见他们这样，也会后退的，所以理查策马扬鞭冲向那个缺口，召唤士兵掉头战斗。

他还没走到一半，一只马掌掉了，战马跌翻在地，理查也被掀在地上。

理查还没有再抓住缰绳，惊恐的畜生就跳起来逃走了。理查环顾四周，他的士兵们纷纷转身撤退，敌人的军队包围了上来。

他在空中挥舞宝剑。"马！"他喊道，"一匹马，我的国家倾覆就因为这一匹马。"

他没有马骑了，他的军队已经分崩离析，士兵们自顾不暇。不一会儿，敌军俘获了理查，战斗结束了。

这个著名的传奇故事出自已故的英国国王理查三世逊位的史实。他1485年在波斯战役中被击败，莎士比亚的名句"马，马，一马失社稷"使这一战役永载史册，同时告诉后人：一个细节上的小小的疏忽会带来多么大的灾难。

"大事留给上帝去抓吧，我们只能注意细节。"一部名为《细节》的小说在题记中如是说。作者还借小说主人公的话为这句话做了注脚："这世界上所有伟大的壮举都不如生活中一个真实的细节来得有意义。"我们不妨这样理解，正因为上帝在抓大事，所以魔鬼才藏身于细节之中，我们必须注意细节才能揪出这些魔鬼，因此，工作中的细节才显得更有意义。

❯ 小事做到位，执行才到位

杰克·韦尔奇说："世界上没有什么事小到不需要我们用心去关注，世界上也没有什么事大到我们用心也无法达成。"

水温升到99℃，还不是开水，其价值有限；若再添一把火，在99℃的基础上再升高1℃，就会使水沸腾，并产生大量水蒸气来开动机器，从而获得巨大的经济效益。100件事情，如果99件事情做好了，一件事情未做好，哪怕它是再细微的小事，都有可能对某一企业、某一组织、某个人产生百分之百的影响。

浙江某地用于出口的冻虾仁曾被欧洲一些商家退了货，并且要求赔偿。原因是欧洲当地检验部门从1000吨出口冻虾中查出了0.2克氯霉素，即氯霉素的含量占被检货品总量的50亿分之一。经过自查，环节出在加工上。原来，剥虾仁要靠手工，一些员工因为手痒难耐，用含氯霉素的消毒水止痒，结果将氯霉素带入了冻虾仁。

我们工作中出现的问题，的确只是一些小事上做得不到位。执行上的一点点差距，往往会导致结果上出现很大的差别。每个客户都希望你提供的产品和服务是完美的，任何小的疏忽都会造成客户的不满，甚至可能产生十分严重的后果。一位企业经营者说过："如今的消费者是拿着'显微镜'来审视每一件产品和提供产品的企业。在残酷的市场竞争中，能够获得较宽松生存空间的企业，不是'合格'的企业，也不是'优秀'的企业，而是'非常优秀'的企业。自己要求自己的标准，必须远远高于市场对你的要求标准，你才可能被市场认可。"

实际工作中，有许多人都因为事小而不屑去做，对待事情常常不以为然，抱以轻视的态度。事实上，有时候决定一个人成败的，不是他做了什么惊天动地的大事，而取决于他有没有把小事做好。

马克曾是美国西里克肥料厂的一名速记员。尽管他的上司和同事均养成了偷懒的恶习，但马克仍保持认真做事的良好习惯，重视每一项工作。

一天，上司让马克替自己编一本老板西里克先生前往欧洲用的密码电报书。马克不像同事那样，随意地编几张纸完事，而是编成一本小巧的册子，用打字机很清楚地打出来，然后又仔细装订好。做好之后，上司便把这本小册子交给了西里克先生。

"这大概不是你做的吧？"西里克先生问。

"呃……不……是……"马克的上司战战兢兢地回答，西里克先生沉默了许久。

过了几天，马克取代了以前上司的职位。

小小一本电报册子，开启了一扇通往成功的门。但成功并非偶然，没有什么"随随便便的成功"，一些看似偶然的成功，其实我们只是看到了事物的表象，而其本质却巧妙地隐藏起来了。对小事情的处理方式，从另一个角度昭示了成功的必然性。做事就要本着脚踏实地的务实态度，把小事也做到位。而且，小事如此，大事当然概莫能外，古语"一屋不扫，何以扫天下"也是一个绝佳的佐证。如果你想飞得更快更高，那么就从眼前的"小事"做起吧！

▶ "小题大做"才能保证执行到位

1984年，张瑞敏刚到海尔时，看到的是一个濒临倒闭的小厂：员工领不到工资，人心涣散，在厂区打架骂人的、随便偷盗公司财产的、在车间随地大小便的现象比比皆是。公司一年换了四任厂长，前三任要么知难而退，要么被员工赶走。张瑞敏刚一上台，就颁布了13条规定，第一条制度居然是

"不许随地大小便"。

1985年的一天，张瑞敏的一位朋友要买一台冰箱，结果挑了很多台都有毛病，最后勉强拉走一台。朋友走后，张瑞敏派人把库房里的400多台冰箱全部检查了一遍，发现共有76台存在各种各样的缺陷。张瑞敏把员工们叫到车间，问大家怎么办。多数人提出，也不影响使用，便宜点儿处理给员工算了。当时一台冰箱的价格800多元，相当于一名员工两年的收入。张瑞敏说："我要是允许把这76台冰箱卖了，就等于允许你们明天再生产760台这样的冰箱。"他宣布，这些冰箱要全部砸掉，谁干的谁来砸，并抡起大锤亲手砸了第一锤！很多员工砸冰箱时流下了眼泪。在接下来的一个多月里，张瑞敏发动和主持了一个又一个会议，讨论的主题非常集中："如何从我做起，提高产品质量。"三年以后，海尔人捧回了我国冰箱行业的第一块国家质量金奖。

为了一些小毛病就把冰箱都砸掉，这在一般人眼里看来太小题大做了，但正是因为这种"小题大做"的精神，才促使每一个海尔人去落实自己的责任，保证了产品的质量，使海尔成为当时注重质量的代名词，并辉煌至今。

有一位成功人士曾经讲述了这样一个故事：

多年前，我在一家省报当记者的时候，正遇上全省狠抓服务质量，提高服务水平，提倡礼貌用语、热情服务的高潮。当时，报社交给我一项非常紧迫的任务，采访一位十分重要的领导。这位领导当时住在省里号称服务最好的一家酒店。

这位领导的活动安排得非常紧，没有时间接受面对面的采访，于是我们约定利用他活动结束后、回宾馆整理行李约20分钟的时间，进行一个电话采访。

到了约定的时间，我开始往宾馆打电话，但总机一直没有人接。眼看着时间一分钟一分钟过去，我非常着急。当时手机还未普及，除了通过总机转接，我没有别的办法联系上这位领导。

十几分钟后，电话终于通了，电话那头传来服务员热情而彬彬有礼的声音："您好！请问有什么可以帮助您的吗？"

我让她赶紧帮我接通那位领导房间的电话，一会儿，服务员就给我回话了："您好！那位客人已经在几分钟前离开酒店了。"声音仍然彬彬有礼。

当时我十分气愤，当即写了一篇标题为《别贬低了"您好"的价值》的文章，将整个事情的经过进行了报道。

报道登出来之后，引起了很大的反响，酒店的声誉受到了极大的影响。酒店立即对这件事进行了严肃的处理，相关的服务员受到了严厉的处罚。

事后我了解到，原来那十几分钟服务员正好不在，原因是她母亲从乡下来看她，于是她擅自离开，将母亲安顿好后才回到岗位。

服务员的行为虽然可以理解，却不能成为执行缺位的理由，因为员工做的每一件小事都关系到企业的荣誉和利益。

许多人认为，一些芝麻小事，却搞得劳师动众，何必呢？但对待随时可能发生的一些可能触犯到企业核心价值观的一些"小奸小恶"，小题大做的处理是非常必要的。否则，一旦那些"无伤大雅"的不良做法形成大家都效仿的坏习惯，将会严重影响到执行的力度。

海尔总裁张瑞敏常说："把每一件简单的事做好就是不简单，把每一件平凡的事做好就是不平凡。"只有"小题大做"才能保证执行到位，在执行的过程中就应该把杀鸡也用牛刀的精神亮出来，保证不出现小毛病背后的大问题，保证执行到位。

▶ "小说旅馆"——细节为执行激发灵感

位于美国俄勒冈州的纽波特海湾，一年四季风光旖旎，海风习习，宁静而安详。在海湾的一个小镇上，人们仿佛过着远离尘世的生活，除了海浪扑向海岸的声音，其他的一切都沉睡着。没有摇滚，没有"嬉皮"，没有"朋克"，一切来自大城市的污染都没有，只是偶尔有三三两两的游客到这里来转转。科利尔和莎莉斯决定在这里开设他们的旅馆。

这无疑是一个冒险的举动。靠旅客吃饭的旅馆，面对的却是每日寥寥无几的游客，来小镇办事的人大都住在政府开办的招待所。朋友和亲人都这样认为：他们简直疯了。

但是8年后，当人们再看到科利尔和莎莉斯这家名为"西里维亚·贝奇"的旅馆时，红火的生意让人眼馋，每年有数以万计的游客在这里下榻。现在想来住宿，需要提前两个星期预订房间。当然，小镇也因此人气渐旺，但宁静依然。

谜底是小说。

8年前，科利尔和莎莉斯还在俄勒冈州的一家大酒店里供职。在工作中他们发现，很多人在俄勒冈旅游之余，不愿去酒吧、赌场、健身房这些娱乐场所，也不喜欢看电影、电视，而是静下心来在房间里看书。时常有游客问科利尔，酒店里能不能提供一些世界名著？酒店里没有，但爱看小说的科利尔满足了他们。问的人多了，科利尔就留心起来。

一段时间后，他发现这一消费群体相当庞大。现代社会压力极容易让人浮躁，人们强烈地要求释放自己，有的人就去酒吧找疯狂，去赌场寻求刺激来发泄，而另一部分人偏爱寻一方净土让自己远离并躲避一切烦恼与压力，看书就是一种最好的方式。开一家专门针对这类人群的旅馆，是否可行？科利尔在一次闲聊时，把这个想法对莎莉斯说了，没想到莎莉斯也已经注意到这一现象，两人一拍即合，决定合伙开办一家"小说旅馆"。

为了安静，他们最后选择了纽波特海湾这个偏僻的小镇。他们集资购买了一幢三层楼房，设客房20套，房间里没有电视机，旅馆内没有酒吧、赌场、健身房，连游泳池都没有。

这就是科利尔和莎莉斯想要达到的效果。在"海明威客房"中，人们可以看到旭日初升的景象，从房间中一架残旧的打字机和挂在墙壁上的一只羚羊头，人们马上就会想到海明威的小说《老人与海》、《战地钟声》等其中动人的情节描写，迫不及待地想从"海明威的书架"上翻看这些小说，那种舒适的感受让人终生难忘。

所有的故事描述与人物刻画在科利尔和莎莉斯的精心筹划与布置下，都体现在房间里。令人大惑不解的是，他们的旅馆刚投入使用，来此的游客就与日俱增。尽管有口碑相传的效应，但稀疏的几个外来人或许自己都没来得及消化，影响还不至于这么大。

原来，科利尔和莎莉斯在布置旅馆的同时，就已开始了招徕顾客的工作。

既然是"小说旅馆"，自然顾客群是与书亲近的人。为了方便与顾客接触、交流，他们在俄勒冈开了一家书店，凡是来书店购书的人都可以获得一份"小说旅馆"——西里维亚·贝奇的介绍和一张开业打折卡。许多人在看了这份附着图片的彩色介绍之后，就被这家奇特的旅馆吸引住了，有的人当即就预订了房间。为了扩大客源，莎莉斯还与俄勒冈的其他书店联系，希望他们在售书时，附上一张"小说旅馆"的介绍。这种全方位的、有针对性的出击，为他们赢得了稳定的客源。这种形式一直持续到现在。

随着时间的推移，"小说旅馆"的影响日渐扩大。科利尔和莎莉斯的书店生意的兴隆，也使其"小说旅馆"客人日益增加。在旅馆的每个房间和庭院里，随处可见阅读小说、静心思考、埋头写作的客人，甚至一些大牌演员和编剧也在这里讨论剧本。一些新婚夫妇还以在旅馆中用法国女作家科利特命名的"科利特客房"中度蜜月为荣。

抠细节，往往被认为死板，但谁会想到，很多创意正是来自于工作中的细节！一些看似无用的细节，往往能激发你的灵感，为你带来不凡的创意。一个人养成看重细节的思维习惯，往往可以获得意想不到的精彩成果。"小说旅馆"的成功就来源于对细节的发现。

细节，常常因为它过于"细小"而被人们忽略，但往往在一些不引人注意的极细微的事情中，却可以看到开阔的壮丽风景。有时候，一个小小的细节就能激发你的创意，让你获得有益的灵感，关键在于你有没有留意细节的习惯和洞察细节的能力。留意细节其实是一种竞争意识，将这种意识放在你的行为模式里，时时有着留意细节的意识，你就会随时都有一种寻找细节和创新机会的心理反应，就有了敏锐的观察力，就会随时发现可以创新的基点。只要我们带着善于发现的眼光，有用的细节就无处不在。用心把握好细节，我们一定能找到有助于工作的方法，从而在执行中收获让人意想不到的成功。

🔘 把细节做到完美的境界——只有100%才算合格

一位管理专家一针见血地指出，在企业中1%的不合格，到用户手中就是100%的不合格。很多执行者工作没有做到位，甚至相当一部分人做到了99%，就差1%，但就是这点细微的区别使他们在事业上很难取得突破和成功。

在第二次世界大战中期，美国空军和降落伞制造商之间发生了分歧，因为降落伞的安全性能不够。

事实上，通过努力，降落伞的合格率已经提高到99.9%了，但军方要求达到100%，因为如果只达到99.9%，就意味着每1000个跳伞士兵中，会有一个因为降落伞的质量问题而送命。

但是，降落伞商却不以为然，他们认为99.9%已经够好了，世界上没有绝对的完美，根本不可能达到100%的合格率。

军方交涉不成功，于是改变了质量检查办法，他们从厂商前一周交货的降落伞中随机挑出一个，让厂商负责人装备上身后，亲自从飞机上往下跳。

这时，厂商才意识到100%合格率的重要性，奇迹很快就出现了：降落伞的合格率一下子达到了100%。

事实证明，100%的合格率并不是神话，并非不可能。不要为自己设限，只要细心地对待每一个产品，用心地对待自己的工作，敢于突破，要实现100%的合格率并不困难。

1962年美国佛罗里达州的马丁·马里塔公司与美国军事部门签订了一项生产供货合同，合同规定的交货期限很紧，对质量要求更严。可是军令如山，不容耽搁，马丁公司为势所迫，打破常规，开展了一场"无缺点运动"，从而产生了一套崭新的生产和质量管理方法。这一运动包括：

1.打破传统的"人总要犯错误"理念，改换成"只要主观尽最大努力就可以不犯错误"的理念，以此动员全体员工追求无缺点目标，自觉避免工作失误。

2.打破以往的生产与质检分离的格局，要求每个操作者同时也是质检者，规定上道工序不得向下道工序传送有缺陷的产品。

3.打破过去的对错误只是事后发现和补救的常规，讲求超前防患，事先找出可能产生缺点的各种原因和条件，提前采取改正措施，做到防患于未然。

4.打破生产过程中各工序、各员工各自为战、各行其是的习惯状态，要求树立全局观念，主动配合，密切合作，从总体上保证实现无缺点结果。

马丁公司实行"无缺点运动"果然一举奏效，合同期限一到，便交付出无可挑剔的100%合格的产品。

很多时候，你没有做到100%，并不是因为你的能力有限，而是因为你没有建立"100%才算合格"的意识，没有把细节做到完美的追求。

在荷兰，有一个青年农民来到一个小镇，找到了一份在镇政府看门的工作。他在这个门卫的岗位上一直工作了60多年，一生没有离开过这个小镇，也没有再换过工作。

也许是工作太清闲，他选择了又费时又费工的打磨镜片作为自己的业余爱好。就这样，他一磨就是60年。他是那样的专注和细致，锲而不舍，他的技术已经超过专业技师了，他磨出的复合镜片的放大倍数，比专业技师磨出的都要高。借着他研磨的镜片，他终于发现了当时尚未知晓的另一个广阔的世界——微生物世界。从此，他声名大振，只有初中文化的他，被授予了巴黎科学院院士的头衔，就连英国女王都到小镇拜会过他。

创造这个奇迹的小人物，就是科学史上鼎鼎有名的、活了90岁的荷兰科学家万·列文虎克。

他老老实实地把手头上的每一个玻璃片磨好，用尽毕生的心血，致力于每一个平淡无奇的细节的完善，最后，他终于在细节里看到了自己更广阔的前景。

一花一世界，一沙一天堂。工作实质上并没有优劣之分，每一个工作过程都成就了另一个过程，只有环环相扣，整体工作才会和谐美好。没有哪一个人的付出是没有意义的，每个人各就各位，努力尽责并扮演好自己的角色，我们才可以顺利地完成一份共同的责任——让企业发展得更好！

认真对待每一件事都算是做大事，固守自己的本分和岗位，就是最好的贡献。如果你能执著地把手上的小事情做到完美的境界，你同样也会成为一个了不起的人物！

做好执行的每一个环节

第一章
明确执行的目标

▶ 明确任务的目标与指令

优秀的执行首先从明确的执行目标与指令开始。目标不明确，指令不清楚，就找不到执行的方向和切入点，导致行动的茫然和时间与精力的浪费。执行力需要一个明确的目标，只有明确了目标后，执行力才有前进的方向；目标明确后，团队和员工才能在工作中形成一股合力，更好地表现出知识与技能的聚合作用，从而更好地促进目标的完成。

长虹的CEO倪润峰对于目标是这样阐述的：一定要有明确目标，在追求目标的过程中一定要有坚定的信念，要咬定青山不放松，这样才能做到全身心投入，行动起来才能敏捷、有力度。唯有保证目标正确、信念坚定、行动有力，才能保证一直做正确的事和正确地做事。

沃尔金斯是美国西部农场的一个农场主，有一次，他因为中风而全身瘫痪。他的亲戚都确信他已经没有希望了，于是，他们就把他搬到床上，并让他一直躺在那里。虽然沃尔金斯的身体不能动，但他还是不时地在动脑筋。忽然间，有一个念头闪过他的脑海，而这个念头注定了要补偿他不幸的缺憾。

他把他的亲戚全都召集过来，并要他们在他的农场里种植谷物。这些谷物将用作一群猪的饲料，而这群猪将会被屠宰，并且用来制作香肠。

数年间，沃尔金斯的香肠被陈列在全国各家商店出售，结果他和他的亲戚们都成了拥有巨额财富的富翁。

沃尔金斯已经是一个全身瘫痪的残疾人，却能领导亲人获得成功，原因就在于他定下了一个明确目标，并且制订了达到此目标的计划。他和他的亲戚们组成智囊团，并且以应有的信心，共同实现了这个计划。如果没有这个目标，没有这个计划，沃尔金斯的亲戚们现在还是穷光蛋，沃尔金斯也不能实现自己的价值。

歌德曾经说过："把握住现在的瞬间，从现在开始做你想要完成的事情或实现的理想，只有那些怀有明确目标的人身上才会富有天才、能力和魅力。因此，只要做下去就好，在做的过程当中，你的心态就会越来越成熟。能够有开始的话，那么，不久之后你的工作就可以顺利完成。"

一个人要想在职场中获得成功，就必须有明确的目标。目标应当简明扼要，并且量化到具体的数字上，比如说希望降低成本，你就要明确降低多少，是降低8%还是10%；比如说改进服务，就要明确电话订单是在收到后的24小时内还是36小时内得到处理；比如说提高质量，就要明确使退货率低于销售额的3%还是1%。

没有明确量化的目标，执行起来可能就会眉毛胡子一把抓，没有重点。下面一则猴子的故事很好地说明了这点。

一群猴子来到一个农庄，发现很多的农作物和果子，高兴极了，于是猴王说："小的们，听好了，把这些玉米、西红柿、西瓜、苹果等都给我搬回去，越多越好！"猴子们听到猴王的命令后，一拥而上，可它们一执行起来就犯难了，每只猴子的力量都是有限的，到底自己多拿一点什么好呢？于是，捡了芝麻，丢了西瓜，掰了玉米只好丢了苹果，最后，它们的收获都有限，猴王的目标没有完全实现。猴王生气地吼道："你们怎么搞的，我不是让你们把所有的东西都给我搬回来，越多越好吗？怎么才搬回来这些？"猴儿们叫苦道："大王，那里的东西品种太多了，我们不知道到底搬什么好，而且，我们每个人的精力和能力都有限，凭我们的力量，不可能把那么多东西都搬回来呀！"猴王反思："早知道这样，当时还不如叫你们只搬玉米和西瓜算了！"

可见，目标要清晰、明确、具体。目标不明确只会分散执行中的资源和精力，最后的结果往往不容乐观。

一个没有明确目标的企业或个人就像一艘没有舵的船，只会到达失望、失败和气馁的海滩。美国前财务顾问协会的总裁刘易斯·沃克有一次接受一位记者有关投资计划的采访，记者问他："到底是什么因素使人无法成功？"刘易斯回答："模糊不清的目标。"

明确了目标，下定决心，想办法达到目标，不要理会前进道路上的障碍和批评，不要受不利环境的影响，不要去考虑别人怎样想、怎样做、怎样说，而应以专心致志、不懈努力、集中力量来坚定达到目标的决心。

▷ 明确执行者及其职责

明确执行者就是要找到能够执行的部门和人员，组织的目标和计划确定后，要将这些目标和计划逐项分解到不同的部门，再由部门逐一分解到每一个成员。明确执行者要考虑的问题就是：哪些事情该分配给张三，哪些事情该分配给李四。

这个问题看上去很简单，要做好却不容易，不经过精心挑选和深思熟虑，就会变成随意摊派，执行的结果肯定不理想。任务只有分配给合适的执行者才能取得最好的效果。在同一个部门，不同的人执行力水平不一样，为了便于任务的完成和目标的实现，应该将重要的工作分配给真正能够执行的人，而不要过多地受岗位职责的限制。

传统的岗位职责管理模式认为职责是根据岗位来定的，只要是这个岗位上应该做的事，就要承担这个职责。但实际上，应该根据任务确定自己的职责，只要你承担了这项任务，就要履行相应的职责。二者看上去相差不大，实际上相差甚远。想一想你在工作中，是否接受过与你的岗位并不相符的工作？是否分配过与岗位不相符的任务？

明确了任务及执行者，接着要明确各自的职责。一项任务往往牵扯到众多的环节和人员，分工明确、各司其职是十分重要的，尤其是对于交叉岗位的责任和权利必须作出十分明确的界定，否则在执行的过程中将因职责不明而相互推诿。没有合适的执行者，目标不可能变成现实；有了部门和人员，职责却模糊不清，同样不利于执行，目标仍然难以实现。

作为执行者，一旦接受了任务，领会了分解的目标，你唯一的职责便是完成这项任务，达到你的目标。在执行一项任务的过程中，可能会牵扯到很多部门和流程，但你的职责便是达到上级的目标，你所做的一切都是为了对任务的结果负责。

在一次奥运会的马拉松比赛中，众多选手已经完成了比赛。最后，人们发现，一名叫阿赫瓦里的运动员仍然坚持着，吃力地跑进了体育场。他是最后一名抵达终点的运动员，此时他的双腿已经沾满血污，但他没有放弃，仍然一瘸一拐地坚持到了终点。于是有人好奇地问道："比赛不是早就结束了吗，你为什么还要跑到终点啊？既不会给你们国家赢得积分，更不可能拿奖。"阿赫瓦里这时已经非常疲倦，但他仍然轻声地回答说："我的国家送我来这里，不仅仅是叫我起跑的，而是派我来完成这场比赛的。"

接受任务，意味着实现目标。你是不是一名合格的执行者，或者一名优秀的执行者，就在于你是不是真正完成了任务，达到了目标，并且对你所做的负责。没有不需要结果的执行，也没有不需要承担责任的执行。不要害怕责任，明确你的职责，坚信自己的能力，你一定可以出色地完成任务。

▶ 找准自己的位置

一个企业就像是一台机器，每个零件的作用都不一样，你是哪一个零件，起的是什么作用，自己应该清楚。只有清楚自己在整个公司中处于什么样的位置，才能明白你在这个位置上应该做些什么。你必须对自己的执行角色有一个定位和认知，对于角色的最大投入就是对任务的完成。

当布莱德雷将军还是一个小男孩的时候，有一天他和伙伴们一起玩游戏。他们有的扮演将军，有的扮演上校，有的扮演普通的士兵。小布莱德雷"倒霉"地抽到了士兵的角色，他要接受所有长官的命令，而且要按照命令丝毫不差地完成任务。

"现在，我命令你去那个'堡垒'旁边站岗，没有我的命令不准离开。"扮演上校的小男孩指着公园里的垃圾房神气地对他说道。

"是的，长官。"小布莱德雷快速、清脆地回答道。

接着，"长官"们离开现场，小布莱德雷来到垃圾房旁边，立正，站岗。

时间一分一秒过去了，小布莱德雷的双腿开始发酸，双手开始无力，天色也渐渐暗下来，却还不见"长官"来解除任务。

一个路人经过，看到正在站岗的小布莱德雷，惊奇地问道："你一直站在这里干什么呢？下午进公园的时候我就看见你了。"

"我在站岗，没有长官的命令，我不能离开。"小布莱德雷答道。

路人哈哈大笑起来："这只是游戏而已，何必当真呢？"

"不，我是一名士兵，要遵守长官的命令。"小布莱德雷又说。

"可是，你的小伙伴们可能已经回到家里，不会有人来下命令了，你还是回家吧。"路人劝道。

"不行，这是我的任务，我不能离开。"小布莱德雷坚定地回答。

"好吧。"路人实在拿这个倔强的小家伙没有办法，他摇了摇头，准备离开。"希望明天早上到公园散步的时候，还能见到你，到时我一定跟你说声'早上好'。"他开玩笑地说道。

听完这句话，小布莱德雷开始觉得事情有一些不对劲：也许小伙伴们真的回家了。于是，他向路人求助道："其实，我很想知道我的长官现在在哪里。你能不能帮我找到他们，让他们来给我解除任务。"

路人答应了。过了一会儿，他带来了一个不太好的消息：公园里没有一个小孩子。更糟糕的是，再过10分钟这里就要关门了。

小布莱德雷开始着急了。他很想离开，但是没有得到离开的准许。正在他焦急万分的时候，一位军官走了过来，他了解情况后，亮出自己的军装和军衔，以上校的身份郑重地向小布莱德雷下了命令，让他结束任务，离开岗位。

军官回到家后对妻子说："这个孩子长大以后一定是出色的军人，他对岗位和角色的意识让我震惊。"他的话一点没错，小布莱德雷长大后果然成了赫赫有名的军队领袖。

评判一个人执行力的标准是看他是否完成了自己应该完成的事。一个人工作的最大动力不是职位，不是薪酬，而是来自于对岗位角色的喜爱。明确自己的位置，喜欢自己的角色，就会在工作中迸发出积极的主动性！

▶ 建立执行标准

执行需要标准，你需要明确地知道什么样的结果是对的，什么样的结果是错的，什么样的结果是60分，什么样的结果是100分。执行的过程往往是漫长的，在执行过程中如果管控不严密，很容易偏离目标。执行标准既是执行者参考的依据，又是鞭策执行者的手段，还是管理者考核下属的依据。执行的标准必须做到清楚、明了、准确、量化。

一、时间标准

执行首先需要时间方面的量化标准，我们应该规定什么事情从什么时候开始实施，在什么时间必须完成。就像航空公司的飞行时刻表一样，什么航班在什么时间从什么地点起飞，于什么时间在什么机场降落，必须规定得一清二楚。没有这种标准，飞行员就不知道什么时间该起飞，什么时间该降落，飞行的速度该如何掌握和控制。任何工作都是如此，有了时间的标准，执行者才会有明确的开始和完成的概念，才能主动地掌握和控制执行速度与节奏。缺乏时间标准，往往导致事情一拖再拖，有的甚至不了了之，毫无结果。在日常工作中，我们经常碰到这样的情形：经理向某一员工交代："把这份资料拿去处理一下。"这位员工拿了资料就走了，先把资料放在一边，忙自己的事情去了。等经理哪一天问起处理结果时，员工才想起来，原来把这件事情忘了，压根还没处理。这就是缺乏执行的时间标准而导致执行力流失的典型症状。这样的执行效果可想而知。

时间标准要依据每一件事情的轻重缓急和重要性程度来考虑，但时间的限制是执行的一个首要标准，没有时间的标准就无法保证执行的效率和速度。

二、质量标准

强调时间标准，同样不能忽视质量。相对于时间标准来说，质量标准更是执行过程中的重中之重，因为它直接关系到执行的结果。当然，执行的结果和时间也有一定的关系。质量标准就是要制定每一项工作完成的效果指标或合格指标。任何工作都不是完成了就行，而是要保质保量地完成，至少要达到规定的合格标准，才算是真正的完成。比如企业，如果质量上马虎，即使用最短的时间产出再多的产品，也是次品，不仅卖不出去，还浪费了成本。又比如文员，打字的速度虽然快，但打印的文件总是错字连篇、漏洞百出，即使速度再快也不能算有执行力。现在很多企业采用ISO质量认证体系，有的企业引进六西格玛质量管理模式，有的企业采用全面质量管理体系，这些都是制定执行的质量标准、确保工作质量和效果的工具和方法。

时间标准和质量标准是控制执行过程的两大必备标准，这两大标准定得清楚、用得恰当，将大大地促进和改善执行力。缺乏这两个标准的参照和鞭策、控制，执行力将会因失控而流失。

三、流程标准

执行还需要建立适合项目情况的流程标准，一个优秀简化的流程体现了执行成功的能力。

研究显示，一个只需要5分钟就能处理好的文件，却因为中间环节的耽搁需要多达几天的时间才能得到回复。有时一件简单的事情却因为需要得到各个部门的审批而不能马上就做，使执行人员失去耐心，而影响执行效果。另一方面，客户不会去在意你提供的产品是经过了怎样复杂的流程，他们只关心你提供产品的速度和产品的质量。因此，在保证质量的基础上，建立一个简单、优化的流程标准非常必要。很多企业为了减少不必要的中间环节、提高作业效率，往往根据项目的时间要求、质量目标等各种情况进行流程再造，设定一个标准的流程，在运作过程中不断优化，以达到有效贯彻执行的目的。

中国人寿保险青岛分公司，曾以新单处理流程为起点实施流程再造，核心内容是对新单出单涉及的六个部门和环节分别设置相应的岗位，形成流水线式的工作控制。流程再造前，出单需要5～7天，流程再造后，出单缩短到2天，从而解决了效率与质量矛盾的问题。

执行流程中有一个关键是人员流程。及时发现那些绩效差的人员，并区分出哪些人应该离开项目，哪些人应该调换岗位，哪些人应该被吸纳，这也是保证执行成功的重要因素。

四、考核标准

执行有无成效，需要进行考核。明确质量标准并不能保证执行的成效，没有建立有效的考核标准，会导致针对执行成效的激励丧失。有效执行与无效执行得到的回报基本一样，没有体现出差别，会打击有效执行者的积极性，也会导致执行质量标准的模糊。

对于执行的结果，好的要给予表扬、奖励，总结成功的经验；未达标的结果要总结教训：为什么会出现这种结果，是人员的原因、流程的原因，还是时间和质量标准设定得不合理？如果是人员的原因，要追求当事人的责任，依情节轻重给予适当的处分。

考核要有力度，不能对优秀的执行成果视而不见，也不能纵容表现不佳者，否则，"表现不佳"会成为被传播和复制的坏习惯，影响执行。

第二章
越有操作性，执行越到位

▶ 操作性越强，执行越到位

执行到位，这只是一个大的纲领，具体来说，怎么执行才能到位？不要总说应该怎么办，而要表明到底"怎么办"。这个"怎么办"指的就是操作性。简单的操作步骤，执行起来更能让人得心应手。操作性越强，执行也越容易到位。

海尔的执行之所以做得如此好，和他们强调操作性密切相关，只要看看他们的员工手册就知道了。

海尔的员工手册中将如何与人握手、如何递名片、如何掌握工作基本操作手段等都详细列了出来。这样一来，就将操作性落实得极为具体。

手册中让人印象最深刻的是"个人必须每天反省的四个内容"：

一、为用户增值在哪里？

二、为企业增值在哪里？

三、个人增值在哪里？

四、应该警示和避免的问题：

1.工作中的自以为是

①我们现在已经比别人要好了，出点问题是不可避免的；②部下已做好，现在没问题了；③这件事我已经通报处罚了，问题肯定解决了；④这个

是某某提供的，他是我部门专门负责此事的人，数据肯定不会错。

2.工作中的借口

①我已经给部下安排好了；②我现在非常忙，没时间去管这件事；③这个问题是某某负责，我不清楚；④这个问题部下已经向我汇报了；⑤现在制度规定是这样，我只能这样做；⑥安排了，不等于听明白了、不等于记住了、不等于懂了、不等于认同了、不等于做了、不等于做对了、不等于习惯了、不等于落实到体系上了、不等于做好了、不等于成为SBU（战略业务单元，海尔要求每个人都要好好把握自己、经营自己，成为创新的、自主经营的SBU）。

海尔员工手册中指导员工用问题检验自己工作是否做到位，其细致和可操作的程度，让执行效果立竿见影。

其中"不等于……"这一连串的否定，就是告诉员工，所做的工作只有达到预期的目标，才算是执行到位，而不是交代下去了，事情就做完了，执行就到位了。

类似这样的方式比起只知道吩咐"你应该如何如何"，而不告诉具体应该怎么做的"教条主义"要简单明了得多，可操作性也要强得多。

执行应该强调操作性，告诉下属实际操作方法比一味进行理论上的指导更重要，这样他们才会真正懂得该"怎么做"。

少一点"应该"，不要跟员工说"你应该……"，时间长了，不仅起不到好的作用，反而会让员工产生逆反心理，凭什么非得这么做，我换一种方式怎么就不行呢？我偏要用别的方式！

多一点"怎么办"。一些更具有操作性的方法，可以让下属直接找到执行的方向，工作变得更有效率，避免产生矛盾，执行起来才会更到位。

▶ 制订切实可行的行动计划

拟订一个周详的计划，执行才有操作性。一个切实可行的计划会让执行者锲而不舍地去完成它，无视别人的说法和遭遇到的任何阻碍。没有实际有效的计划，即使是最聪明的人也无法成功致富或做成其他任何事情。当计划遭遇失败时，要记住这仅仅意味着你的计划还不够完善，应再拟另外的计划，重新来过。

正是在这个意义上，拿破仑·希尔才说："你的成就绝对不可能大于你完善的计划。"

那么，要制订一份切实可行的计划，具体有哪些步骤呢？

第一步应当依据自己定的目标，写出一份陈述，或在大脑里勾画出一份陈述。陈述要简单，但应当包括目标的一切重要方面：

执行活动的重点是什么；

为什么要做这些事情；

如何做到这些事情。

第二步，计划制订完后，应当评估你的计划，至少应在计划开始实施前评估一次，对计划作出必要的调整。在计划开始实施后，再进行阶段性的评估，看看阶段性计划是否奏效、目标是否完成，如果没有，问题出在哪里，如何对计划作出调整；还是计划仍然是个好计划，可能是在执行过程中出了问题。

优秀的执行者往往都有一个共同的体会，就是有计划永远比没计划好，切实可行的计划永远比不切实际的计划好。在工作中，我们制订计划存在很多误区，不是好高骛远，就是计划模糊，或者制订计划时对实现目标缺乏勇气，导致没有信心去实施计划。

以下几点意见，对你制订计划是有帮助的：

第一，不要害怕失败。

因为计划只是列出可能的事，它意味着你的计划有时能获得成功，有时却遭到失败——尽快认识到这一点，会减少烦恼。工作的不确定性决定了制订的计划也是不确定的。增加成功的可能性必须通过加强执行的力度来实现。

第二，制定的目标要明确。

如果目前的目标还不够明确，不足以成为目标，那就这样试一试："上级想达到怎样的效果？公司期望这项工作得到怎样的市场回报？团队期望我达到怎样的水平？我期望能证明自己什么样的能力？"这样你可能就会把目标细分到可执行的计划中去。

第三，千里之行，始于足下。

如果你现在不能向你的长远目标迈进，那什么时候才能做到呢？执行就必须抓住工作的一分一秒，如"我现在就着手写那篇工作总结"，"我现在就去参加那个会议"，"我现在就去打电话"。这样，你的长远目标自然能达到。

▶ 制定并优化执行流程

执行流程是影响执行操作性的一大关键因素。优秀的执行流程可以缩短执行的时间、简化执行的环节、减少执行中的摩擦、提高执行的速度和效率。比如戴尔公司运用的直销和按单生产的执行流程就是它的核心竞争力所在。戴尔的独到之处在于，直接接单生产、优异的执行流程，使其发挥出卓越的执行能力。接单生产是工厂在接到客户订单后才开始生产，与其配合的零部件供货商也是接单生产，等供货商交货后，戴尔立即开始组装，并在装箱完毕几小时内就运送出去。这套流程能压缩从接到订单到出货的时间，它让戴尔与供货商的存货都减到最少，和对手相比，戴尔的客户更能及时享有最先进的产品。一个简化出色的执行流程意义就在于此。制定并优化执行流程是确保执行具有可操作性的重要内容。

一、设计清晰简明的执行流程

流程如何设计，与工作的效率和执行力有很大的关系，流程清晰简明，工作的效率就高，执行力就强；流程复杂烦琐，工作的效率就低，执行力就差。比如一项重大决策，一个流程清晰简明的组织可能只需要10天就可作出决定，而一个流程复杂烦琐的组织可能需要半年甚至更长的时间；又比如处理一份重要文件，一个流程清晰简明的组织可能只需要3天就可以作出反应，而一个流程复杂烦琐的组织可能需要10天甚至更长的时间才能作出反应。可见，流程的优劣严重地制约和影响着执行力的发挥。要想提高组织的执行力，必须以清晰简明为原则，设计合理的工作环节与衔接程序。

二、流程量化

流程量化，就是制定流程的核心部分，是确保流程有效性的基本方法和必要环节。依据标准对执行的现状与未来期望进行量化，从而可以确定执行的时间、执行的速度、执行的成本、执行的收益等量化指标，这样便于执行的评估和考核。

三、流程标准化

流程标准化是通过设计一个标准的流程，作为现状的判定标准，以达到改变现状和提高效率的目的，包括流程具体步骤的确定、步骤中采用的方式的确定等。这个标准并不是一成不变的，在运行一段时间以后，对它进行有效性分析，加以改进。流程标准化的好处在于便于按照标准开展工作，避免执行的盲目性，降低因没有标准而造成的执行力流失。

四、优化流程

复杂的流程将严重地影响执行的速度和工作的效率。复杂的流程就像复杂的制度一样，只会成为行动和速度的负担和累赘。因此，组织必须简化流程，进行流程优化。流程优化的最终目标是机构调整、减员增效，使流程有利于快速行动。流程优化的基本方向是：

1.工作内容由单纯性变为综合化。一些工作由原先几个人做变为一个人做，即将一个人做一项工作转变为一个人承担几项任务。任务的合一有利于企业与外界，特别是与客户的接触更集中有效。

2.减少控制与检查。新流程要精简结构，使原先被分割的活动联系得更紧密，撤销不必要的控制与检查的流程。

3.新流程可以超越组织界限来完成工作。工作单位由职能部门变为流程工作小组，组织结构趋向扁平化。起上传下达作用的中层组织可以大幅精简。

▶ 四大方法强化执行的操作性

一、KISS 法

KISS法是美国在线公司的CEO凯斯提出的，即Keep it simple、

stupid——让事情简单化、易懂。

任何复杂的事情都可以简单化，任何难懂的东西也都可以变得浅显易懂。

让事情简单易懂，是强化操作性的一种方法。

面对难度大的工作，我们可以用许多方法，使问题变成一个个可以解决的步骤，将一个大难题分解成多个较易解决的小难题，这样执行起来就会轻松很多。

第二次世界大战期间，通用公司接下了一个艰巨的国防任务：负责制造一种新型的、高准度的，而且是首次使用电子器材的投弹瞄准器。

通用的管理者知道，这种工作需要技术高超的工人来完成。可大战期间，连一般工人都找不到，更何况是高水平的技术工！

但是通用有一位德雷斯塔特却充满信心地说："我们一定能做到。"

当时唯一能充当劳动力的，就是那些黑人妓女。德雷斯塔特于是大量雇用了这些女性，同时还将她们的鸨母找来管理她们。

大家都觉得德雷斯塔特疯了：这些人怎么能做好这种技术含量很高的工作？

这些妓女都目不识丁，她们连工作手册都看不懂。

但德雷斯塔特却胸有成竹，他首先亲自做了十几个投弹瞄准器，叫人用摄影机拍下了制造的全过程。

然后，他用放映机向女工们播放每一个画面，并加上一连串的信号灯指示：红灯表示已经做完的部分，绿灯显示即将进行的工作，黄灯则告知这些女工该注意的事项。很快，这些不懂技术的女工们就交出了令人满意的成品，而且因为操作步骤简单易懂，她们的生产量比以前那些技术纯熟的技工的生产量还高。

技术含量再高的产品，其实也是通过一个个简单的流程来完成的，只要将它分解成简易的步骤，简化成人人都能看懂的东西，那么即使是目不识丁的人，也能够掌握。

执行就要尽量简单、可行，做到人人听得懂，个个看得明白。

其实，任何工作都一样。再复杂的工作，都是由一些简单的步骤组成的，将操作性细化和简化到每一个步骤中，就能化繁为简、化难为易。

二、以编码法强调操作性

编码是20世纪人类最伟大的发明之一。一个很明显的例子，就是当我们去超市购物时，编码能够让收银员面对超市千万种不同价格的商品，有条不紊地进行货币交换，编码收款方式变得简单，便于操作。

在发达国家，编码已经应用于各行各业，如果某种商品出了问题，利用编码就能很快查到源头和相关责任人。

法国人向来以浪漫著称，就连小小的鸡蛋，也被称作"幸福或不幸福母鸡下的蛋"。

原来，为了确保质量，每个鸡蛋都有专门的编码，通常，编码由三个部分字符组成，分别代表母鸡的饲养方式、出产国和饲养场地。编码的第一部分数字为0～3，代表母鸡不同的饲养方式。

"0"号蛋是生物蛋，母鸡生活在大自然中，没有固定的鸡舍，自由觅食，饲料里没有化学添加剂，除了生病，这种鸡平时不打预防针。

"1"号蛋是露天饲养场里养的母鸡下的，除了自由觅食外还添加了人工饲养，要定期打预防针，有固定鸡舍。以上这两种母鸡被认为是"幸福的母鸡"。

"2"号蛋是圈养母鸡下的蛋，这种母鸡也还算"幸福"，饲养场地比较宽松。

"3"号蛋则是笼中之鸡下的，是被认为"最不幸福的母鸡"。一天24小时待在笼中，生活环境比较拥挤。

由于饲养方式不同，蛋的质量也有好坏之分，价格区分也很大。"0"号鸡蛋价格最贵，"1"号鸡蛋售价也比较贵，"2"号鸡蛋是市场上最普遍的，价格一般，而"3"号鸡蛋是很多法国人不愿意购买的。

第二部分编码，表示鸡蛋出产地，一般都是"FR"（France的简称）。最后一长串阿拉伯数字则表示产蛋的母鸡所在的养鸡场、鸡舍或鸡笼的编码。

有了这些编码，鸡蛋质量只要有半点问题，有关部门就会顺藤摸瓜，一直追查到养鸡场或鸡笼。

为每个鸡蛋打上编码，看似烦琐，但作用不小。一方面，编码在手，能直接找到产品质量的责任源，简化了责任流程，解决问题就容易了许多；另一方面，它能规范行业的标准，使饲养企业努力打造自己的信誉和品牌。

在工作中，我们也能通过编码，准确辨别商品的所有信息，使工作变得简单，便于管理，更具操作性。

三、以程序化强化操作性

执行程序化能告诉我们先做什么、再做什么，"有章可循，有条不紊"。这样看上去有些死板，对于执行却是很有效的。

企业都将程序化作为强化操作的一个重要手段。我们来看看麦当劳是如何要求厨师将洗手这项工作程序化，以确保食品的安全和卫生的。

在麦当劳，首先对洗手的时间作出了明确的规定：

1.使用或清洁卫生间之后。

2.进入厨房和接触食品前。

3.休息后。

4.在清空垃圾箱或接触垃圾之后。

5.进行餐厅清洁工作后。

6.在做了不卫生的动作之后，例如：摸鼻子或头发。

7.在接触染有病菌的表面或物体后，例如：门把手。

8.和他人握手之后。

9.在接触生的冷冻牛肉饼或生鸡蛋之后，在接触面包或汉堡以前。

所有麦当劳餐厅都安装了定时洗手系统，以达到洗手标准。这一系统能促进所有员工按时洗手，每小时至少1次，这样可降低由双手带来的潜在的食品污染。

接着，麦当劳对洗手的步骤、顺序也作出了明确的规定：

1.用清水打湿双手。

2.在手部涂麦当劳特质杀菌洗手液。

3.双手揉搓至少20秒钟，清洗手指之间、指甲四周、手臂直至手肘部位。

4.用清水将上述部位彻底冲洗干净。

5.用烘手机烘干双手。

这样一来，就能保证食品的卫生，并且确保执行到位。

四、以定量法强化操作

定量对于执行到位是非常重要的，这也就是要量化目标。把具体目标定量化，将一个大的目标分解成数个小目标，明确到每个人身上，这样，操作就容易到位。

我们不妨借鉴一下海尔集团推行的做法，如"妙用'资源存折'"。

在海尔集团中，事业部信息塑胶分厂喷涂车间，喷漆工刘忠计的工位上挂着一张每天都更新数据的"资源存折"，上面的数据显示：

2002年12月29日，他给25英寸电视机前壳喷漆时，油漆的"额定用量"是11.87千克，而他的"实际用量"是11.96千克，折合成金额，亏损6.75元，按10%兑现，当天他欠企业0.675元。

2003年1月5日，油漆的"额定用量"是18.78千克，而他的"实际用量"是13.91千克，到当年已经累计挣到了45.55元。

原来，这个"资源存折"和"银行存折"是一个道理，也有"贷方"和"借方"。贷方是企业，上面记录着企业按操作标准应该为员工提供多少资源；借方是员工，上面记录着员工在实际工作中使用了企业多少资源。借贷相抵，得出一个数，便是这个员工收入的盈亏数。

这个量化目标的方法非常简单明了！这样，员工就能够根据具体的数字来确定工作中要达到的目标，确保资源的有效利用，杜绝浪费。

这是写在《海尔的故事与哲理》一书中的一个著名案例。它说明：海尔的节约是从一分一厘开始的，其做法是将目标分解，落实到每一个岗位、每一个人。

每个企业、每个人都有自己的目标，但目标不是喊出来的，而是要通过量化、分解，通过具体操作来实现。质量还可用于其他的工作中，它所起的作用就是使执行变得更具操作性，保证执行到位。

第三章
立即行动——该出手时就出手

▶ 立即行动，决不拖延

速度就是效率。当今社会是一个信息社会，信息传播的速度大大提高了，信息的快速传递缩短了空间距离，把世界各地的市场信息紧紧地联系在一起。信息就是机会，就是财富。但是，信息所提供的机会稍纵即逝，谁能快速拿捏，谁就能把握市场供需，谁就能获得财富，也就能成为时代的佼佼者。

1983年，时任中国光大实业公司董事长的王光英看到一份工作人员为他准备的报告。他从报告中得知，智利一家倒闭的铜矿由于急于还债，需要处理一批二手矿车。这批矿车都是倒闭前不久矿主为加快工程进度采购的，几乎没怎么用。矿车均为名牌车，总共有1500辆。

王光英一拍大腿，认为机会来了。他火速派人与矿山老板取得了联系，表示愿意买车。与此同时，一个负责购车的专家与工作人员派遣组火速成立了。临行前，王光英告诉他们，要有勇气，要相信自己的判断力，不要事事请示，只要认为车好、价格合理，就果敢拍板成交。

这位矿主虽说已破产，可他对即将出手的1500辆车保护得很好。这些卡车载重7吨到30吨不等，矿主包租了一个体育场，将这些车整整齐齐地摆放在这里，而且他让工人将所有的车都细心地涂抹了防锈油。专家组人员看到这些车时，不禁齐声赞叹。他们一丝不苟地验车，各项指标确实令人满意。派遣组人员马上开始了与矿主的讨价还价，矿主由于还债心切，最后双方很快以原价八折的价格成交了。协议刚达成，一位美国商人就闻讯赶到了铜矿，欲购买这批车，可惜晚了一步。

王光英的这次果敢决策为国家净赚了2500万美元。

试想，要是王光英面对信息犹豫不决、瞻前顾后，那批车肯定就被那位美国商人捷足先登了，2500万美元也会进入别人的腰包。

可见，速度就是效率，拖延只能导致失败！

美籍华裔企业家王安博士提出了一个有名的"王安论断"，他认为要在瞬息万变的时代大潮中力争上游，就要在速度上下工夫，唯有速度提高了，执行的效率才能得到提升！

对于一个渴望优秀执行的人来说，拖延是最具破坏性的，它是一种最危险的恶习，它使人丧失进取心、迷失方向。一旦开始遇事拖拉，就很容易再次拖延，直到变成一种根深蒂固的习惯，为自己的成功制造不可逾越的鸿沟。

遇事不果断、犹豫不决，是惯于拖延的人最大的弱点。优柔寡断的坏处，不只是在你反复考虑之间丧失了成功的机会，它给人最大的负担是精神上的压力。在谨慎行事的同时，少一分犹豫，就多一分成功的可能。

有一位推销员前去拜访一位房地产经纪人，想把《推销与商业管理》课程介绍给这位房地产经纪人。

这位推销员到达房地产经纪人的办公室时，发现他正在一架破旧的打字机上打着一封信。这位推销员自我介绍一番后开始介绍推销的课程，那位房地产商人显然听得津津有味。然而，听完之后，他却迟迟不发表意见。

这位推销员只好单刀直入了："你是否想参加这个课程？"这位房地产经纪人无精打采地回答说："我自己也不知道是否想参加。"

他说的是实话，因为像他这样难以迅速作出决定的优柔寡断者有许多。

这位对人性有透彻认识的推销员，立即站起身来，准备离开，但接着他采用了一种多少有点刺激的谈话技术。他的话让房地产经纪人大吃一惊。

"我决定向你说一些你不喜欢听的话，但这些话可能对你很有帮助。先看看你工作的办公室，地板很脏，墙壁上全是灰尘。你的衣服又脏又破，你脸上的胡子也没刮干净，你的眼光告诉我你已经被打败了。

"现在，我告诉你，你为何失败。那是因为优柔寡断的你没有作出一项决定的能力。在你的一生中，你养成了一个习惯：逃避责任，无法作出决定。错过了今天，即使你想做什么，也无法办到了。"

这位房地产经纪人双眼充满惊讶，呆坐在椅子上，忘记了争辩。这位推销员道声再见，走了出去，随后把房门关上。但他再度把门打开，走了回来，带着微笑在那位吃惊的房地产经纪人面前坐下来，又说："我的批评也许伤害了你，但我倒希望能够触怒你。现在让我以男人对男人的态度告诉你，我认为你很有智慧，而且我确信你有能力。你不幸养成了一种令你失败的习惯，但你可以再度站起来。我可以扶你一把，只要你愿意原谅我。你并不属于这个小镇，这个地方不适合从事房地产生意。赶快替自己找套新衣服，即使向人借钱也要去买来。我将介绍一个房地产商人和你认识，他可以给你一些赚大钱的机会，同时还可以教你有关这一行业的注意事项，你以后投资时可以运用。你愿意跟我来吗？"

听完这些话，那位房地产经纪人竟然痛哭起来。最后，经纪人努力地站起来，和这位推销员握了握手，感谢他的好意，并说自己愿意接受他的劝告，但要以自己的方式去进行。经纪人要了一张空白报名表，答应报名参加《推销与商业管理》课程，并且先交了第一期的学费。

两年以后，这位房地产经纪人开了一家业绩骄人、运营良好的大公司，成为最成功的房地产经纪人之一。

我们要想从根本上克服犹豫不决、优柔寡断的弊病，可以从以下几个方面入手：

第一，在行动之前，要反复冷静地思考，给自己充分思考主题和问题的时间。

第二，一旦做好心理准备，就立即行动，迟疑是最大的禁忌。

第三，不要要求自己十全十美，不论心情好坏，每天都要有规律地持续工作。

第四，不要浪费时间，把握住现在。今天应该干的绝不拖到明天。商场如战场，时机很关键，只要你看好了、看准了，就下决心，快动手吧，还犹豫什么？

第五，要有远见、有计划地工作，搜集对将来有用的情报，一点一滴地积累。

如果你想改掉拖延的习惯，达到自己的目标，就一定要养成遇事果断的作风。只有这样，你才能抓住工作中的每一个机会，为自己纵横职场赢得成功的砝码。

▶ 做最重要的事，而不是最容易的事

被美国《时代》杂志誉为"人类潜能的导师"的史蒂芬·柯维博士曾经这样说过："人类的重要任务就是将主要事务放到主要的位置上。"你总是苦于工作效率得不到提高，但你是否意识到这一点呢？很多人面对烦琐的工作，总是先去做最容易做的事情，似乎这样做很快就能获得成就感。但实际上，这对工作效果没有任何好处。关键的工作环节没有做好，即使你把所有容易的工作做得再好也没有用。

分清主次，先做最重要的事情，而不是做最容易做的事情，这样能保证执行的结果。要想把工作做好，就必须懂得"要事第一"的道理。工作需要有条理，速度和进度才能加快。在每天开始时，让自己习惯于把一天要做的事情都列出来，然后按照事情的轻重缓急的顺序一一排好，让自己先做重要的事情。

向琨是一家公司的员工，一天老板让向琨准备好第二天与某公司董事长会谈的资料，并拟写一份会谈提纲。然而接下来的时间里，向琨却忙于完成另外的几件事：寄出几封信，发出几份传真，接待一个没有预约的会谈，打

几个无关紧要的电话，给老板的一位朋友买了束鲜花，为他贺喜。终于把一切安排妥当，此时已经到了下班的时间。晚点走吧，又三番两次被一个个无关紧要的电话打扰，于是他决定回家加班。吃过晚饭，他又忍不住要看一场球赛，看完后已是晚上11点，于是提笔拟写提纲。结果，仓促准备的材料难免出错，在会谈的过程中，幸好老板经验丰富，会谈进行得还算顺利，没有出现太大的问题。事后，向琨受到了严厉的批评。

有时候，我们会瞎忙，既不管事情的轻重缓急，更不管事情的执行难度，也不管事情的先后顺序，想到什么就做什么，毫无章法。在我们周围也有许多这样的人，走进办公室就开始忙于工作，从早忙到晚，一天下来总是觉得身心疲惫不堪，却不知道自己这一天干了几件要事。

这些人之所以被工作如此困扰，大多是由于没有掌握高效能的工作方法，而被这些事弄得筋疲力尽、心烦意乱，总是不能静下心来做最该做的事。

有不少人或者是被那些看似急迫的事所蒙蔽，根本就不知道哪些是最应该做的事，总是感觉反正什么事都要做，就先做容易做的，结果白白浪费了大好时光，致使工作效率不高、效能不显著。为此，每个人都应该有一个自己处理事情的优先表，列出自己一周之内急需解决的一些问题，并且根据优先表排出相应的工作进程，使自己的工作稳步、高效地进行。

一个人在工作中还常常会被各种琐事、杂事纠缠，我们要学会拒绝，不让额外的事情影响自己的工作。对许多人来说，拒绝别人特别是上司的要求是一件为难的事情，但是盲目地揽下本不应该揽下的活会严重影响你工作任务的完成，所以在决定你该不该答应对方的要求时，应该先问问自己："这需要多长时间？我的工作会不会被耽误？"如果答案是肯定的，那么不管用什么办法，你都要拒绝，并且利用有限的时间赶紧去做最要紧的事，这样才能保证你的工作效果。

▶ 改"绝不可能"为"绝对可能"

不论你如何优秀，在工作中，你都有可能接受一项"不可能完成的任务"。一个聪明的员工不会对这样的任务感到畏惧和恐慌，他反而会鼓足勇气去挑战自己，使"绝不可能"成为"绝对可能"。其实，我们应该明白一点，这项"绝不可能完成的任务"为什么还要你去完成？那是因为上级相信你有把它变为现实的可能。在巨大的挑战面前，一个人往往会爆发出前所未有的惊人潜力，坚信这一点，你就会勇敢地接受挑战。

在一家名叫天宇的天线公司。有一天总经理来到营销部，让大伙儿针对天线的营销工作各抒己见、畅所欲言。

营销部经理老王摇着胖乎乎的脑袋，无可奈何地说："人家的天线三天两头在电视上打广告，我们公司的产品毫无知名度，我看这库存的天线真够戗。"部里的其他人也随声附和。

总经理脸色阴沉，一言不发。扫视了大伙一圈后，把目光停留在进公司不久的一位年轻人身上。总经理走到他面前，让他说说对公司营销工作的看法。

年轻人直言不讳地对公司的营销工作存在的弊端提出了个人意见。总经理认真地听着，不时嘱咐秘书把要点记下来。

年轻人告诉总经理，他的家乡有十几家各类天线生产企业，唯有001天线在全国知名度最高，品牌最响，其余的都是几十人或上百人的小规模天线生产企业，但无一例外都有自己的品牌，有两家小公司甚至把大幅广告做到001集团的对面墙壁上，敢与知名品牌竞争。

总经理静静地听着，挥挥手示意年轻人继续讲下去。

年轻人接着说："我们公司的老牌天线今不如昔，原因颇多，但归结起来或许就是我们的销售定位和市场策略不对。"

这时候，营销部经理对年轻人的这些似乎暗示了他们工作无能的话表示了愠色，并不时向年轻人投来警告的一瞥，最后不无讽刺地说："你这是书生意气，只会纸上谈兵，尽讲些空道理。现在全国都在普及有线电视，天线的滞销是大环境造成的。你以为你真能把冰推销给因纽特人？"

经理的话使营销部所有人的目光都射向年轻人，有的还互相窃窃私语。

经理不等年轻人"还击"，便不由分说地将了他一军："公司在甘肃那边还有5000套库存，你有本事推销出去，我的位置让给你坐。"

年轻人提高嗓门朗声说道："现在全国都在搞西部开发建设，我就不信质优价廉的产品连人家小天线厂也不如，偌大的甘肃连区区5000套天线也推销不出去！"

几天后，年轻人风尘仆仆地赶到了甘肃省兰州市天元百货大厦。大厦老总一见面就向他大倒苦水，说他们厂的天线知名度太低，一年多来仅仅卖掉了百来套，还有4000多套在各家分店积压着，并建议年轻人去其他商场推销看看。

接下来，年轻人跑遍了兰州几个规模较大的商场，有的即使是代销也没有回旋的余地，因此几天下来毫无建树。

正当他沮丧之际，某报上一则读者来信引起了年轻人的关注，信上说那儿的一个农场由于地理位置关系，买的彩电都成了聋子的耳朵——摆设。

看到这则消息，年轻人如获至宝，当即带上十几套样品天线，几经周折才打听到那个离兰州有100多公里的金晖农场。信是农场场长写的。他告诉年轻人，这里夏季雷电较多，以前常有彩电被雷电击毁，不少天线生产厂家也派人来查，知道问题出在天线上，可查来查去没有眉目，使得这里的几百户人家再也不敢安装天线了，所以几年来这儿的黑白电视只能看见哈哈镜般的人影，而彩电则只是形同虚设。

年轻人拆了几套被雷击的天线，发现自己公司的天线与他们的毫无二致，也就是说，他们公司的天线若安装上去，也免不了重蹈覆辙。年轻人绞尽脑汁，把在电子学院几年所学的知识在脑海里重温了数遍，加上所携仪器的配合，终于使真相大白，原因是天线放大器的集成电路板上少装了一个电感应元件。这种元件一般在任何型号的天线上都是不需要的，它本身对信号放大不起任何作用，厂家在设计时根本就不会考虑雷电多发地区，没有这个元件就等于使天线成了一个引雷装置，它可直接将雷电引向电视机，导致线毁机亡。

找到了问题的症结，一切都变得迎刃而解了。不久，年轻人将从商场拉回的天线放大器上全部加装了感应元件，并将此天线先送给场长试用了半个多月。期间曾经雷电交加，但场长的电视机却安然无恙。此后，仅这个农场就订了500多套天线。同时，热心的场长还把年轻人的天线推荐给存在同样问题的附近5个农场，又给他销出2000多套天线。

一石激起千层浪，短短半个月，一些商场的老总主动向年轻人要货，连一些偏远县市的商场采购员也闻风而动，原先库存的5000套天线当即告急。

一个月后，年轻人筋疲力尽地返回公司。而这时公司如同迎接凯旋的英雄一样，将他披红挂彩并夹道欢迎。营销部经理也已经主动辞职，公司正式下令任命年轻人为新的营销部经理。

这位年轻人的成功除了他有"不达目的誓不罢休"的毅力之外，最重要的在于他敢于挑战不可能，敢于突破自己。

面对执行中出现的各种难题，很多人的第一反应就是："不可能。"尤其是当某件事的难度超乎想象甚至看起来不合情理时，"不可能"就成了马虎执行甚至拒绝执行的最好理由。然而，这个年轻人的亲身经历告诉我们，没有什么不可能，只是暂时还没有想到办法，只要你愿意接受挑战，通过努力，你就一定能将"绝不可能"变为"绝对可能"。

❯ 不让问题从眼皮底下溜走
——不让问题"逃跑"的3M员工

德鲁是3M公司的一个技术工人，有一次，他到一家汽车车身制造厂去送货，看见一名工人在为一辆车的车身喷涂双色漆。

当时为爱车刷上双色调油漆面是一种很流行的做法，但是操作起来却很困难。效果并不好，有些粘胶剂强度不够，有些则无法在油漆完后拿下来，而且那些被纸贴过的地方，总会在油漆干了以后，留下难看的凸起。

德鲁看见那个油漆工人一会儿往车身上涂抹胶水，一会儿再往上贴廉价的包装纸，累得满头大汗，而且两种颜色的油漆总是混在一起。

这个问题并没有逃过德鲁的眼睛，他像发现了新大陆一般兴奋，他想怎么样才能解决这个问题呢？一个制作遮蔽胶带的念头立刻出现在了他的脑海里。

于是他制作了一个5厘米宽、一面涂上粘胶剂的皱纸卷，试下来效果极好。

后来，3M公司一推出德鲁发明的这种遮蔽胶带，立时得到众多汽车制造商的青睐。目前，这种胶带仍普遍应用于喷漆作业中。

在执行一项任务的过程中，往往会出现很多难以预料的问题。一个优秀的执行者绝不会让这些问题从眼皮底下溜走，而是留心这些工作过程中的问题，及时加以解决。就算未能及时解决，他也一定会留心记录下来，不让它成为日后工作的隐患。虽然那些小问题可能并不足以成为你工作中的障碍，很多人因为追赶工作进度就忽略了那些过程中的小问题，这对执行来说是不负责任的，实际上多做一点并不会过分影响你的工作进度，反而能给你带来意想不到的好处。

许多人能获得事业上的成功，就在于他们比别人多做了那么一点。基于这样的认识，著名投资专家约翰·坦普尔顿通过大量的观察研究，得出一条很重要的原理——多一盎司定律。他指出，取得突出成就的人与取得中等成就的人几乎做了同样多的工作，他们所作出的努力差别很小——只是"多一盎司"。但其结果，所取得的成就及成就的实质内容方面，却有天壤之别。

约翰·坦普尔顿认为，只多那么一点儿就会获得更好的成绩，那些在一定的基础上多加了2盎司而不是1盎司的人，得到的份额远大于1盎司应得的份额。"多一盎司定律"实际上是一条使你走向成功的普遍规律。

对你来说，"多加一盎司"事实上并不是什么天大的难事，既然我们已经付出了99%的努力，已经完成了绝大部分的工作，再多增加"一盎司"又会怎么样？而在实际的工作和生活中，我们缺少的往往就是"多一盎司"所需要的那一点点责任心，任由问题从眼前溜走而不去关注，导致为将来的工作埋下隐患。

其实，工作中，有很多工作环节都是需要我们增加那"一盎司"的。大到执行环节中的虽不急切但却存在隐患的问题，小到接听一个电话、整理一份报表，其实都是作用于执行效果的。把它们做得更完美，你将会有数倍于一盎司的回报，基于这点，多做一些又何妨？

第四章
执行要用手，更要用脑

▶ 三分苦干，七分巧干

执行要讲究方法。一个人想提高自己的工作效率和工作绩效，关键不在于苦干，而在于巧干。

人们常说："一件事情需要三分的苦干加七分的巧干才能完美。"意思是行事时要注重寻找解决问题的思路，用巧妙灵活的思路解决难题，这胜过一味地蛮干。"苦"的坚韧离不开"巧"的灵活。一个人做事，若只知下苦功，则易走入死路，若只知用巧，则难免缺乏"根基"，唯有三分苦加上七分巧才能更容易达到自己的目标。

当亨利·福特还是少年时，就发明了一种不必下车就能关上车门的装置，当他成为闻名于世的汽车制造商时，他仍在继续巧干。他安装了一条运输带，从而减少了工人取零件的麻烦。在此问题解决后，他又发现装配线有些低，工人不得不弯腰去工作，这对身体健康有极大的危害，所以他坚持把生产线提高了8英寸。这虽然只是一个简单的提高，却在很大程度上减轻了工人的工作量，提高了生产力。

历史上，无数新发明、新创造便是如此诞生的。人们眼中的"懒汉"常常是老板青睐的对象。

杰瑞是一个新的证券经纪人。和所有新手一样，主管给他一个电话号码簿和一部电话，让他开始工作。如果他想干好，就要尽可能多打电话。杰瑞拥有超人的毅力，他每天会打上几百个电话，忍受不断的拒绝，然后再排除大量障碍寻找到新的客户。在前几个月里其他经纪人被他甩在了后面，杰瑞开始受到上级的重视，最后成了管理层中的一员。但是他还要在这种广种薄收的销售环境中顽强苦干，用漫长的时间才能继续证明自己的价值。

我们不妨来为杰瑞设计一个小型的经营系统，通过廉价的报纸广告和推销信向客户发送信息，这样，杰瑞就不用再拨打电话了。他只与那些看到自己发布的信息后给他打电话的人谈生意即可。这样，杰瑞的交易量提高了，就不会像从前一样忙得不可开交。事实上，"巧干"可以让自己有时间做更有意义的事情，这样做不但不会因为偷懒而被否定，反而有机会获得更大的成功。

做任何事情，都要将"苦"与"巧"巧妙地结合起来。正所谓"三分苦干，七分巧干"，"苦"在卖力，"巧"在灵活地寻找思路，只有这样，才最容易找到走向成功的捷径。

海尔员工魏小娥用创新的方法解决了生产过程中的"毛边"问题，使过去脏乱不堪的卫浴生产车间现场变得十分整洁，将产品合格率提升到了100%，这一成就使魏小娥的"老师"日本模具专家官川先生也赞叹不已。

海尔空调事业部的质检员戴弋，积极想办法解决了空调检验过程中用水浪费的问题。

联想集团的陈绍鹏顶着重重压力，为联想打开了中国西南地区的市场，为联想公司挖掘了一个拥有巨大前景的市场，同事也都夸他具有"把冰激凌卖给北极熊的本领"。

海信集团的李砚泉，在短短一周的时间内对日本三洋机芯进行了改造，使之适应中国市场；之后又自己设计电视主板，彻底代替了三洋的产品，为海信创造了很好的效益。

还有许许多多的员工，他们都是普普通通的人，却用自己的"巧干"作出了不平凡的成绩，解决了一些长期没有被人解决的难题。人的智慧潜能是无限的，要善于挖掘自己的潜能，不要一味蛮干，多几分"巧"，也许你就能为企业带来巨大的效益。

▶ 沟通协调执行过程中的各种问题

沟通在提高工作效率中起着十分重要的作用，例如，你在工作中可能会出现"手边的工作都已经做不完了，又丢给我一堆工作，实在是没道理"这样的抱怨，这时候如果你保持沉默，很可能会给老板留下办事不力的印象。所以，如果你的工作中出现了这种情况，切不可保持沉默，而应该主动沟通，清楚地向老板说明你的工作安排，主动提醒老板排定事情的优先级，并认真聆听老板的意见，这样可大大减轻你的工作负担。

一个团队要有效地运作，一个重要的因素就是沟通。如果你不主动做好沟通工作，不但会给执行带来困难，还有可能滋生出矛盾。对每一个执行者来说，沟通能力是一种至关重要的能力。

在英国金雀花王朝时代，曾有四个骑士听国王亨利二世说："谁来为我清除这个煽动骚乱的教士？"他们认为这是国王的杀人命令而不是由于愤怒和失望而发出的慨叹，所以他们就杀了大主教托马斯·贝克特，还以为是为国王亨利二世除了一大祸根。由于这一严重误解致使这四名骑士丢了性命，国王亨利二世赤脚到坎特伯雷去朝圣赎罪，托马斯·贝克特也因此正式被封为圣者。

在沟通中，类似的例子俯拾皆是，原因是沟通中不可避免地存在各种障碍。

沟通对于提高任何群体、组织以及个人的工作效率和执行力都十分重要。在世界各大商学院和商业研究机构对成功管理者的调查中，对于"什么是他们工作中最主要的技能"问题的回答的统计，"沟通能力"始终排在首位。全球经济一体化的环境，更要求大家不断与不同文化背景的同事、客户、合作伙伴、供应商等频繁沟通。正确了解沟通协作过程及其影响因素，对于如何在工作中以最快的速度达到提高工作绩效的目的具有重要的意义。

唐妮是微软公司的一名销售主管，有一次她被公司派去参加一个销售专题讨论会。她很清楚自己的专长，她计划在会上与业内精英做一个很好的交流并使自己有所提高。

但是，第一天，她就遇到了麻烦，公司额外要求她来协调与会者的傍晚活动，这样可以更深层次地履行公司作为东道主的职责。唐妮觉得这是她应当做的。于是，就接受了任务。

不久以后，她发现自己处于巨大的压力和忧虑之中，来回奔忙，试图满足每个人的要求，但由于抽不出时间来做原来想做的事而使自己变得很沮丧。

就在这种沮丧中，她突然冷静下来，问自己："我为什么要去做这种额外的而我并不擅长的事呢？让更适合的人来做效果不是会更好吗？"她深深吸了一口气，拨通了公司的电话，将自己目前的处境跟上司做了沟通。上司立即作出了及时的调整，派出一名专门安排各种活动的公关经理接替了唐妮的工作。接下来，唐妮把主要的时间和精力都用来筹备研讨会，并获得了巨大成功。在这次研讨会上，唐妮独特的见解和市场眼光赢得了业界人士的一致赞扬。

在工作中，我们应该时刻提醒自己：与上下级的沟通是否充分？与团队的沟通是否充分？同事是否明白自己的意图和想法？我们有没有适当地反映真实情况？如果我们不说出来，就会给执行造成障碍。老板可能给你安排很多你没时间完成的工作，而那个工作其实有更适合的人去完成。你也可能会给你的下属指派并不合适的任务，更有甚者，你的计划被团队误解，导致要花费更多的时间卷土重来……

在进行沟通的过程中，我们要注意遵从有效的沟通。有效的沟通有5个特性：双向性、明确性、谈行为不谈个性、积极聆听，以及善用非语言沟通。遵从这5个特性，就能提高沟通能力，在提高组织整体执行力的同时提高个人的执行能力。

▶ 多一点换位思考，少许多矛盾扯皮

在沟通中，换位思考的习惯十分重要。有句英国谚语说："要想知道别人的鞋子合不合脚，穿上别人的鞋子走一英里。"工作中因为某件事发生了冲突，有人会说"你坐那个位置看看，也要这样做"，说的也是换位思考的习惯。在人际交往和沟通中，"换位思考"扮演着相当重要的角色。用"换位思考"指导人的交往，就是让我们能易地而处，能设身处地理解他人，感同身受地明白及体会身边人的处境及感受，并迫切地回应其需要。要充分体会他人的情感，正确地表达自己的意图，能够从他人的角度理解问题，这样才会有真正意义上的沟通。

一位母亲在圣诞节带着5岁的儿子去买礼物。大街上回响着圣诞赞歌，橱窗里装饰着彩灯，盛装可爱的小精灵载歌载舞，商店里五光十色的玩具琳琅满目。

"一个5岁的男孩将以多么兴奋的目光观赏这绚丽的世界啊！"母亲毫不怀疑地想。然而她绝对没有想到，儿子紧拽着她的大衣衣角，呜呜地哭出声来。

"怎么了？宝贝，要是总哭个没完，圣诞精灵可就不到咱们这儿来了！"

"我……我的鞋带开了……"

母亲不得不蹲下来，为儿子系好鞋带。母亲无意中抬起头来，啊，怎么什么都没有？没有绚丽的彩灯，没有迷人的橱窗，没有圣诞礼物……原来那些东西都太高了，孩子什么也看不见，他看见的只是一双双粗大的脚和妇人们低低的裙摆，在那里互相摩擦、碰撞……

真是可怕的情景！这是这位母亲第一次从5岁儿子目光的高度打量世界。她感到非常震惊，立即起身把儿子抱了起来……

从此这位母亲牢记，再也不把自己认为的"快乐"强加给儿子了。"站在孩子的立场上看待问题"，母亲通过自己的亲身体会认识到了这一点。

我们没有必要把自己的想法强加给别人，但是却必须学会站在别人的立场上看待问题，这样可以避免很多不必要的冲突。我们有喜欢匆匆忙忙以好的建议来解决问题的倾向，却往往不会先花一些时间进行诊断，去深入了解问题的症结所在。

在工作和生活中，我们每个人都要求得到承认。我们有情感，希望被喜欢、被爱、被尊重。每个人都有自己特有的抱负、渴望和情感。你的下级会说："我没有你那么高的地位，没挣你那么多的钱，没有你那么大的房子，也没受过你那么高的教育，但和你一样，我也是人。我有家庭，当和孩子闹翻后，我心里难过，无法专心工作。当孩子获得奖学金时，我感到自豪，想站在屋顶上大喊。"

因此，在沟通的过程中我们应该重视别人的心理需要，将心比心，这样才不至于成为一个在别人看来"自以为是的家伙"，而生出不必要的麻烦，使团队产生矛盾，影响工作的进程。

▶ 不要自我设限

在电影《南征北战》中有句台词：要舍得打烂坛坛罐罐。在工作上要舍得打破思维定式，才能取得更加出色的成绩。不要给自己设限，否则你只能故步自封，永远也找不到比别人更高效的工作方法，也达不到你想要的高度。

奔驰汽车公司创始人之一、世界公认的"汽车之父"卡尔·本茨是勇于变革、敢于突破的典型代表。

卡尔·本茨的创业是从自己借钱创办机械工厂起步的。

他非常聪明，也十分自信，但或许是因为太过自信了，所以不太愿意听取别人的意见，也从不轻易改变自己的想法。

工厂没办多久，就遭遇了经济萧条，理所当然，卡尔·本茨的工厂也受到了影响。这时候，他的妻子劝他："本茨，其实你可以考虑干别的行业，现在这行不好做。"

卡尔·本茨却不屑一顾地说："我可不那么认为，是整个大环境造成了这种状况，与我的选择无关。"

"但你也可以试试别的啊，或许会有转机。"

"我不可能去做别的行业，我的选择现在是对的，将来也会是对的。"

不愿意接受妻子意见的卡尔·本茨依旧开着自己的工厂，可事情并没有像他希望的那样发展。

几年后，由于经营不善，卡尔·本茨无力偿还借朋友的钱，工厂面临倒闭的危险。

直到这一刻，卡尔·本茨才突然觉得妻子的建议是对的。于是，他决定改变原有的经营模式。终于，经过艰苦的努力，他在前人的基础上研制出了新式发动机。此后，他不断创新、改变，制造出了闻名世界的三轮汽车——"奔驰1号"。

卡尔·本茨作为世界公认的"汽车之父"，为人类的进步作出了杰出贡献，更重要的是他为我们树立了改变自己、勇于突破的精神。很多成功人士之所以取得过人的成就，很大程度上得益于此，因为他们从不给自己的思维设限，他们总能在别人更加开阔的视野中找到突破常规的办法去获得成功。

一位犹太大富豪走进一家银行，对营业员说："我想借点钱。"

"完全可以，您想借多少呢？"

"1美元。"

"只借1美元？"贷款部的营业员惊愕得张大了嘴巴。

"对，只借1美元。可以吗？"

"当然，只要有担保，无论借多少，我们都可以照办。"营业员虽然很迷惑，但仍按规定进行办理。

"好吧。"犹太人从豪华的皮包里取出一大堆股票、债券等放在柜台上，"这些做担保可以吗？"

营业员清点了一下，说："先生，总共50万美元，做担保足够了。不过先生，您真的只借1美元吗？"

"是的，我只需要1美元。"

"好吧，请办理手续，年息为6%，只要您付6%的利息，且在一年后归还贷款，我们就把这些作保的股票和证券还给您……"

犹太富豪办完手续准备离开银行，一直在一边旁观的银行经理怎么也弄不明白，一个拥有50万美元的人，怎么会跑到银行来借1美元呢？

银行经理走过去问富豪："先生，对不起，能问您一个问题吗？"

"当然可以。"

"我是这家银行的经理，我实在弄不懂，您拥有50万美元的家产，为什么只借1美元呢？"

"好吧，我不妨把实情告诉你。我来这里办一件事，随身携带这些票券很不方便，我问过几家金库，他们的保险箱的租金都很昂贵。所以，我就到贵行将这些东西以担保的形式寄存了，由你们替我保管，真便宜，存一年才不过6美分。"

这位犹太富豪的做法太高明了。

当面对需要创新的事物时，如果你还在受思维定式的约束，你的创造力就很难发挥出来。所以，当你遭遇困境时，最需要做的就是启发自己、改变自己、积极创新。只有这样，你的眼界才会更加开阔，思路才会更加清晰，才能以最快的速度拥有属于自己的事业和人生之路。

▶ 以变制变是制胜之道

面对日新月异的变化，我们要学会变通，学会"以变制变"，只有这样，才能更好地在这个变化的世界上生存。"兵无常势，战无常法"，世间万物无时无刻不在发生着变化，步伐永不停息的时代要求我们学会变通。变通是一种突破，是建立在打破旧观念、旧传统、旧思路、旧模式的基础上的。只有跳出传统思维的束缚圈，才能改变思路，找到解决问题的最佳途径。

柳传志，这个中国企业界"教父"级人物从不讳言，是军营塑造了他。柳传志说："企业成功跟我有一定的关系，但不是全部，这其中，跟我在军队里养成的性格又有一定的关系。"

柳传志曾经用"鸡蛋孵小鸡"来比喻企业对环境的适应。他说："企业要在不同的温度中孵出小鸡来。鸡蛋孵小鸡的最好温度是37.5℃～39℃。1984年创办联想的时候，当时的环境温度是42℃，太高了，大多数的鸡蛋孵不出小鸡，只有生命力非常顽强才孵得出来；到90年代中期，大概40℃左右，也不是很好，但已经很不错了，已经有大批的小鸡孵出来了。我们这些鸡蛋（企业）不能再等温度适应才去'孵'，那样会永远失去机会，要主动去研究怎么增强自身的生命力，使自己能够在环境温度高一点儿的时候，依然能孵出小鸡来。"

柳传志的"鸡蛋孵小鸡"理论给我们的启示是：要想做一名杰出的职场人，就必须不停地进行调整，以适应社会的变化，这样才能获得成功。许多满怀雄心壮志的人有坚强的毅力，却由于不会积极地适应多变的环境而无法取得成功。

1793年，守卫土伦城的法国军队叛乱。叛军在英国军队的援助下，将土伦城护卫得像铜墙铁壁。前来平息这次叛乱的法国军队怎么也攻不下。土伦城四面环水，且有三面是深水区。

英国军舰就在水面上巡弋着，只要前来攻城的法军一靠近，就猛烈开火。法国的军舰远远不如英国的军舰，根本无计可施，法军指挥官急得团团转。

就在这时，在平息叛乱的队伍中，一位年仅24岁的炮兵上尉灵机一动，当即用鹅毛笔写下一张纸条，交给指挥官："将军阁下：请急调100艘巨型木舰，装上陆战用的火炮代替舰炮，拦腰轰击英国军舰，以劣胜优。"

指挥官一看，连连称妙，赶快照办。

果然，这种"新式武器"一调来，英国舰艇无法阻挡。仅仅两天时间，原来把土伦城护卫得严严实实的英军舰艇就被轰得七零八落，不得不狼狈逃走。叛军见状，也很快缴械投降。

经历这一事件后，这位年轻的上尉被提升为炮兵准将。

你知道这位上尉是谁吗？他就是后来的法国皇帝，威震世界的拿破仑。

我们改变不了过去，但可以改变现在；很难改变环境，但可以改变自己。一位企业家曾说过："更多的时候，我们在生活的路上走得不好，不是路太狭窄了，而是我们的眼光太狭窄了。"一般说来，堵死我们的生存与发展之路的并非他人，正是我们自己狭隘的眼光和封闭的心灵。思路不能有丝毫的突破，行动不能有任何的变通，生存就会受到威胁，又何谈发展呢？擦亮发现的眼睛，变换思维的角度，千变万化，将由你驾驭。

第五章
以结果思维引导和控制行为

以结果为导向，谨防四大行为误区

执行要强调结果，只有一切以结果为导向，执行才能产生绩效。每一位执行者都应该以结果思维引导和控制自己的行为，谨防以下四大行为误区。

一、苦劳的误区

"没有功劳也有苦劳"这句话似乎一度说出了很多员工的心声。但是在今日，这句话行不通了。一个优秀的执行者，永远不会把"没有功劳也有苦劳"这句话挂在嘴边，因为执行要的就是功劳，而不是苦劳。

有三位建筑工人同时接到了盖一座房子的任务，他们马上开始设计、准备材料、动手盖房。

第一位工人干着干着就不耐烦了。他走马观花般草草完工，房子的质量和外观十分粗糙，没有人愿意住他的房子。

第二位工人觉得这样的工作实在是又苦又累，不过，既然拿了老板的工资，就有责任把房子盖牢固些。于是，他很认真地把房子盖好了。他盖的房子看起来非常牢固。

第三位工人想：既然我接受了这项工作，那我就有义务把房子盖好！他不仅认真干活，还整天琢磨着怎么把房子盖得更漂亮。他在房屋前后种了一些花草，弄了一个苗圃。不久以后，一座颇具田园情调的房子盖好了，不仅牢固，而且十分美观！

他盖的房子成了公司的样板房，此后每逢有人来这家建筑公司参观，老板都把他们带到这座房子跟前。客户看到这家公司能盖成这么漂亮的房子，对公司十分信任，都表示愿意购买这家公司盖的房子。

三人的房子都盖好以后，公司开除了第一位工人，留下了另外两位，并把第三位工人提升为项目经理。

其实，工作做得好与坏，并不在于你付出了多少辛苦，而在于你的努力是否为企业带来了利润。

执行的过程本就是一个努力付出的过程，但再苦也要有结果思维，否则就是白努力、白付出了。

二、过程的误区

执行向来是"不重过程重结果"，但很多人还是不知不觉陷入"重过程"的误区。比如谈项目，有的人一年到头都在忙，问起谈了多少项目，却都在"进行中"，没有几个有结果的。而有的人，表面上看来有点吊儿郎当，却很有目标性和针对性，谈的项目不多，却几乎谈一个成一个。相比之下，后者做事的目的性非常强，非常看重结果；而前者却不自觉地陷入了过程的瓶颈中。

把结果带给老板，把过程留给自己，很多大人物都是这么做的。

雕塑家安东尼奥小时候曾在西格诺·法罗列家当仆人。有一天，府第要举行一个盛大的宴会。就在宴会开始的前夕，设计用来摆放在桌子上的那件大型甜心饰品不小心被弄坏了，管家急得团团转。

"如果您能让我来试一试的话，我想我能造另外一件来顶替。"这时，安东尼奥走到管家的面前怯生生地说道。只见这个厨房的小帮工不慌不忙地要人端来了一些黄油。不一会儿工夫，黄油在他的手中变成了一只蹲着的巨狮。管家喜出望外，连忙派人把这个黄油塑成的狮子摆到了桌子上。

当客人们看见餐桌上卧着的黄油狮子时，都不禁惊叹并疑惑起来：是哪一位伟大的雕塑家竟然肯将自己天才的技艺浪费在这样一种很快就会溶化的东西上呢？

当他们得知面前这个精美绝伦的黄油狮子竟然是安东尼奥仓促间做成的作品时，众人不禁大为惊讶。可是有谁知道，他平时又是怎样刻苦努力的呢？富有的主人当即宣布，将由他出资给安东尼奥请最好的老师，让他的天赋充分地发挥出来。后来，安东尼奥通过自己的努力成为一名优秀的雕塑家。

联想公司有一句名言："不重过程重结果，不重苦劳重功劳。"只有以结果为导向，过程才会有意义，苦劳才会有价值。

三、出发点的误区

在执行的时候，不要过分强调动机和出发点的好坏，而要对问题的具体情况进行分析，作出最有利于结果的选择。如果一件事情办砸了，再去表明你的出发点是好的，那是没有任何用处的。

"糟了，糟了！"通用公司采购部的经理查理德放下电话就叫了起来，"那家便宜的东西根本不合规格，还是迈克尔的货好。"他狠狠地捶了一下桌子："可是，我怎么那么糊涂，还发E-mail把迈克尔臭骂一顿，还骂他是骗子，这下麻烦了！"

"是啊！"秘书詹妮小姐转身站起来说，"我那时候不是说吗，要您先冷静冷静，再写信，您不听啊！"查理德来回走着，突然指了指电话说："把迈克尔的电话告诉我，我打过去向他道个歉！"詹妮一笑，走到查理德桌前说："不用了，经理。告诉您，那封信我根本没发。"

"没发？"查理德惊奇地停下脚步，问道。"对！"詹妮笑吟吟地说。查理德坐了下来，如释重负，停了半晌，又突然抬头问："可是，我当时不是叫你立刻发出的吗？""是啊，但我猜到您会后悔，所以就压了下来！"詹妮笑笑。

"压了三个礼拜？"

"对！您没想到吧？"

"我是没想到。"查理德低下头去，翻记事本："可是，我叫你发，你怎么能压？那么最近发南美的那几封信，你也压了？"

"对。"詹妮笑着说，"我想你肯定会订迈克尔的东西，就先把信压下了。"

"是你做主，还是我做主？"查理德突然站起来大声吼道。

詹妮呆住了，眼眶一下湿了，颤抖着问道："我，我做错了吗？"

"你做错了！"查理德斩钉截铁地说，"因为我已经跟他们说好要订他们的货了，这样会影响公司的声誉！"詹妮被记了一个小过，但没有公开，除了查理德，公司里没有任何人知道。真是好心没好报！詹妮觉得很委屈。

事情已经办砸，再去解释自己的"好心"已经没有什么意义了。在工作中，评判做事对错的标准始终都是以结果的好坏来判断的。因此，执行中一定要谨防"动机论"的误区，切莫以动机论好坏，而要以结果给自己打分。

四、个性的误区

每个人在工作中都会带上个人的色彩，长期下来就会形成个人的工作风格和个性。这本是不会妨碍什么的，而且在很多案例中，个人的性格往往会促使执行中的沟通变得非常顺利。但是有些人却在工作中过分强调自己的"风格"，殊不知，凭着自己的性格办事，往往会把事情办砸。

有一位气质好、相貌佳的女子每天朝九晚五地上班。从早到晚，她的工作就是坐在办公桌前对着电脑，或者偶尔接接电话、上上网，工作虽然稳定，却相当单调。

许多人看到她的第一个反应，都会感叹道："你长得这么漂亮，不去当明星太可惜了！"

她听了以后只能苦笑，没有人知道，她本来就是学表演的。毕业后，她一心想往演艺圈发展。有一次，她参加一个角色的试镜，导演挑来挑去，最后只剩下两个候选人，她就是其中一个。她的气质和剧中的女主角很相像，但是，由于她没有演戏经验，导演考虑再三，迟迟不敢做决定。

不料，另一位候选人却费尽心机争取这个角色，在导演面前设计诽谤她，并且四处散播谣言，说她为了得到角色不惜用美人计诱惑导演。听到这些子虚乌有的传闻，她实在咽不下这口气，一气之下，拂袖而去。

女主角理所当然就由剩下来的那位候选人担任了。这部戏播出后反响强烈，那位竞争对手一时名声大噪。而她呢，却一直远离可以一展才华的演艺圈，成了一名普遍的上班族，从事自己并不喜欢的职业。

说起来，她只是因为当年的任性，而把自己的前途输掉了。

这样的例子数不胜数。在工作中，很多人常常因为自己的个性而错失大好的机会。"忍一时风平浪静，退一步海阔天空"，这句话虽然是老生常谈，却非常中肯实在。你想保持个性，当然可以，但不可因为个人原因导致执行的失败。

▶ 完成任务≠结果

工作中，老板关心的事不是出现了什么问题，应当怎样去解决。他们关注的只是问题有没有解决，有没有一个确定的结果。

有位老总曾经苦笑着说，他的公司里来了个新会计，做报表的态度很认真，报表的格式也做得漂漂亮亮，整整齐齐三张纸。可惜，报表上的数据与实际发生额相差甚远，不仅老板看了一头雾水，而且连她自己对报表上的原始数据的来源也都说不清楚。于是，这张报表也就成了一张废纸，在公司管理层做决策时一点参考作用都没有。

很多人有一个认识上的误区，认为自己只要完成了老板交代的任务，就是创造了业绩，得到了结果，实际上并不是这样。任务只是结果的一个外在形式，它不仅不能代表结果，有时还会成为我们工作中的托词和障碍。

在职场中，我们必须要明白一个基本的不等式：完成任务≠结果。

姜汝祥先生在其著作《请给我结果》一书中举了一个"九段秘书"的例子。

总经理要求秘书安排次日上午9点开一个会议。那么,通知到所有参会的人员,然后秘书自己也参加会议来做服务,这是"任务"。九个段位秘书的做法便会得到九种不同的结果。

一段秘书的做法:发通知——用电子邮件或在黑板上发个会议通知,然后准备相关会议用品,并参加会议。

二段秘书的做法:抓落实——发出通知之后,再打一通电话与参会的人确认,确保每个人都被及时通知到。

三段秘书的做法:重检查——发通知,落实到人后,第二天在会前30分钟提醒与会者参会,确定有没有变动,对临时有急事不能参加会议的人,立即汇报给总经理,保证总经理在会前知悉缺席情况,也给总经理确定缺席的人是否必须参加会议留下时间。

四段秘书的做法:勤准备——发通知,落实到人,会前通知后,去测试可能用到的投影、电脑等工具是否工作正常,并在会议室门上贴上小条:此会议室明天几点到几点有会议。

五段秘书的做法:细准备——发通知,落实到人,会前通知,也测试了设备,还事先了解了这个会议的性质是什么,总裁的议题是什么。然后给与会者发去与这个议题相关的资料,供他们参考(领导通常都是很健忘的,否则就不会经常对过去一些决定了的事,或者记不清的事争吵)。

六段秘书的做法:做记录——发通知,落实到人,会前通知,测试了设备,也提供了相关会议资料,还在会议过程中详细做好会议记录(在得到允许的情况下,做一个录音备份)。

七段秘书的做法:发记录——会后整理好会议记录(录音)给总经理,然后请示总经理是否发给参加会议的人员,或者其他人员。

八段秘书的做法:定责任——将会议上确定的各项任务,一对一地落实到相关责任人,然后经当事人确认后,形成书面备忘录,交给总经理与当事人一人一份,并定期跟踪各项任务的完成情况,及时汇报总经理。

九段秘书的做法:做流程——把上述过程做成标准化的会议流程,让任何一个秘书都可以根据这个流程,把会议服务的结果做到九段,形成不依赖于任何人的会议服务体系！

从以上九个不同段位的秘书的工作方法我们可以看出，由于对执行的理解程度不同，秘书的工作内容也发生了很大变化。

长久以来，人们都将"执行"等同于"做"，只要去"做"就算"完成任务"了，以致造成了诸如"办事不力"等问题。殊不知，正确"执行"不只是"做"，还要"做对"、"做好"。所以我们说只满足于"完成任务"的员工不是好员工，好员工应该"出色地完成任务"——得到办事的结果。我们在做工作时不能将目光只停留在"完成任务"上，而应该看得更长远一些，将执行的着眼点放在"结果"上，而且，最好是一个能够创造价值的好结果。

以结果思维改善流程

有时候执行之所以低效，是由于我们没有意识到流程太烦琐，影响到结果。这个时候，善于运用结果思维的人，会在执行中让流程得到改善，去繁从简，让执行结果来得更快。

中国最大的鞋业民营企业奥康集团曾经有一个"撤掉中仓，再造一个奥康"的事例，正是用结果思维改善流程的典型。

2004年，奥康开始和意大利著名制鞋企业CEOX进行合作，正式迈出了国际化合作的步伐。

很快，CEOX就给奥康下了一笔30万双皮鞋的订单，并且要求他们在两个月内交货。而按照奥康当时的生产量来说，这么短的时间内不可能按时交货。

这可是奥康和CEOX的第一次合作，如果不能按时交货，那么不仅仅是赔偿那么简单，更重要的是会影响到与CEOX以后的合作。

一向崇尚"没有什么不可能的"这一思想的奥康总裁王振滔并没有退缩，而是毫不犹豫地答应了。

多年没有进过车间的王振滔重新走进了车间，对生产线的每一个流程都进行了仔细研究。

结果，他发现他们一直奉行的"中仓协调流程"现在已经成为实现流水线作业的最大障碍，原来的流程是：裁断裁好后进入中仓，针车从中仓领出来完成后再进中仓，中仓出来再到成型……这样一个中仓卡住，整条线就卡住。

多这样一个中仓环节，不仅造成了人员的浪费，而且效率也很低。

于是，王振滔立即撤除了中仓环节，让流程变得简单起来。

这样做了以后，所有流水线的产量都提高了不止一倍，原来一条每天只能生产600多双鞋的生产线，现在可以生产1400双。用王振滔自己的话来说，就是"奥康用20天的时间，再造了一个奥康"！就这样，30万双皮鞋的订单任务按时完成了。

其实，不仅在生产中，所有的执行都可以通过结果思维来改善流程。

很多我们可以用一个流程就做完的事情，实际上却花了许多的流程去做，精力、时间、效率就这样白白地消耗掉了。要想让执行得到更好的结果，我们可以运用结果思维让流程变得更简单。我们可以从结果开始倒推：想想要达到这样的结果，需要做哪些工作和步骤，然后将这些工作和步骤一一列出来。接着我们可以对每一项工作和步骤进行分析，找出哪些可以不要，哪些可以用更简便的方法代替，哪些可以合并在一起，这样在具体的操作中，我们就能省去很多不必要的环节，用最快的速度得到最好的结果。

▶ 复命要到位，不做"差不多"先生

现代职场中，很多企业的员工凡事都得过且过，复命不到位，在他们的工作中经常会出现这样的现象：

——5%的人看不出来是在工作，而是在制造矛盾，无事必生非=破坏性地做；

——10%的人正在等待着什么=不想做；

——20％的人正在为增加库存而工作＝"蛮做"、"盲做"、"胡做"；

——10％的人没有为公司作出贡献＝在做，但是负效劳动；

——40％的人正在按照低效的标准或方法工作＝想做，而不会正确有效地做；

——只有15％的人属于正常范围，但绩效仍然不高＝做不好，做事不到位。

胡适先生的《差不多先生传》就很好地揭示了职场中存在的这些现象。书中写道：

差不多先生的相貌和你我都差不多。他有一双眼睛，但看得不很清楚；有两只耳朵，但听得不很分明；有鼻子和嘴，但他对于气味和口味都不很讲究；他的脑子也不小，但他的记性却不很精明，他的思想也不很细密。

他常常说："凡事只要差不多就好了，何必太精明呢？"

他小的时候，妈妈叫他去买红糖，他却买了白糖回来。妈妈骂他，他摇摇头道："红糖和白糖不是差不多吗？"

他在学堂的时候，先生问他："直隶省的西边是哪一个省？"他说是陕西。先生说："错了。是山西，不是陕西。"他说："陕西同山西不是差不多吗？"

后来，他在一个钱铺里做伙计，他也会写，也会算，只是总不精细，十字常常写成千字，千字常常写成十字。掌柜的生气了，常常骂他，他只是笑嘻嘻地说："千字比十字只多一小撇，不是差不多吗？"

有一天，他忽然得了重病，临死前他说道："活人同死人也差……差……差……不多……凡是只要……差……差……不多……就……好了……何……何……必……太……太认真呢？"他说完这句格言，方才绝气。

想想看，你是否就是一个"差不多"先生呢？或者你曾经也当过"差不多"先生？在你的身边，一定还有许许多多的"差不多"先生。做事做到位应该成为每一个职场人士的行为准则。"差不多"的结果其实差多了。在职业生涯中，我们随时都需要100％的投入才能够有希望变得杰出。光是投入

89%、93%，甚至98%，是无法让你的上级满意的。

一次，北京饭店举行涉外宴会，周总理亲自去了解饭菜的准备情况。

他问其中一位负责人："今晚的点心是什么馅的？"

这位负责人随口回答说："大概是三鲜馅的吧。"

"什么叫大概？究竟是，还是不是？客人中间如果有人对海鲜过敏，出了问题谁负责？"

这时，负责人才意识到自己考虑不周全，于是吩咐厨房做了不同馅的点心，以便客人根据自己的口味进行选择。

做任何工作都要讲究结果，执行不到位是得不到好的结果的。老板下达任务的目标只有一个，就是结果。因此，复命也只有一个指向，就是对任务不能敷衍，认真去办，不能打折扣。

第六章
跟踪流程，保证执行效果

▶ 一流执行必有一流把关

一流的执行必有一流的把关，否则即使执行不缺位，也有可能因为疏忽或考虑不周全而导致执行不完美。所谓一流把关，就是对交到自己手上的工作，要检查再检查，细致再细致，考虑再考虑，以确保万无一失。

在荣事达生产车间，总能看到这样一个身影，高高的个子，白净的皮肤，戴着一副蓝框的眼镜，透着一股斯文气，怎么看也难以将他和生产工人对上号。

这个人叫张海滨，是荣事达新能源公司的品质部经理。他的办公室在车间隔壁那栋办公楼的三层，但他每天一半以上的时间都在车间，戴着安全帽，和工人一起讨论、一起工作。有时工人开他的玩笑，说他是全公司唯一一个不坐班的经理。他听到这种变相的夸奖，总会笑着说："那都是被逼的，产品的质量就是我的命根子啊！"

2006年7月，他负责进行"减少电池厚度"的项目，这又将是电池能源领域的一项突破，所以，对于质量的要求极其严格。

他一刻也不敢放松，不断察看操作工人对涂布工序的操作情况，并时时提出指导意见。一会儿指出这块涂布面密度太大了，会影响电流的传导；一会儿又指出那块密度太小了，会影响电池的寿命。有时，他还会亲自操作，为工人做示范。在他手下干活的工人，都有一个感受：不把活干得完美，这个经理是不会罢休的。

就这样，在张海滨严格的督导下，涂布工序的涂布面密度以及正负极配比完全达到了预期目标，彻底解决了成品电池的厚度问题，并在一定程度上提高了电池的电流稳定度。

这个项目结束后，公司领导说要为他开个小型庆功会，却被他婉拒了："以后再说吧，现在手上还有别的任务。"说完，又拿起他的安全帽进了车间。

企业就需要这样一流的把关者。一流的执行就要及时了解事情的变化，以便迅速作出调整，保证每个细节都万无一失。在执行中，责任心往往比能力更加重要。有责任心但缺乏专业能力，也可以想办法去发现和解决问题；有专业能力但缺乏足够的责任心，也有可能难以发现和解决问题；有专业能力再加上强烈的责任心，那就可以获得最好的结果了。

▶ 不断跟进、检查与监督

执行要到位，仅靠自觉是不可能的，靠挂在墙上的制度也是远远不够的，必须要有强有力的跟进、检查与监督。

IBM前总裁郭士纳曾说："人们不会做你希望的，只会做你检查的；如果你强调什么，你就检查什么，你不检查就等于不重视。"没有人会十分在意没有人去强调和检查的东西，因为你不检查就代表不重视，就代表它可有可无。既然如此，谁还会把时间和精力花费在这种"可有可无"的事情上呢？如果你想保证多项工作都得到切实的执行，唯一的办法就是不断跟进、检查与监督。

2001年，世界经济衰退致使某家高科技公司受创颇重，营业额下滑得厉害。为了提高公司的营业额，企业执行长亲自检视旗下一个重要事业部经过修正后的运营计划。首先他赞扬事业部主管带领属下降低成本的绩效，随后指出他们尚未达到应有的投资回报率目标。接下来他根据事业部的工作现状提出了一个值得一试的解决方案——建议这个事业部和供货商共同研拟提高存货周转率的方法，以期获得实质成效。

"你认为你该怎么做？"他询问事业部主管，这位主管回答说："如果有工程师从旁协助，应当能大幅提升绩效。""我需要20位工程师。"事业部主管加上一句。

执行长转向工程部门的主管，问他是否能拨出工程师来协助这个计划。工程部主管迟疑了半分钟之久，以冷漠的语气表示："工程师们不会愿意替事业部做事。"执行长注视他良久，开口道："我确信下礼拜一你会指派20位工程师到事业部。"说完后便起身离开，走到门口时，他停下脚步转身对事业部主管说道："我要你每个月固定召开视讯会议，成员包括你本人、工程人员、财务长，还有我和生产部经理，必须确保这项重要工作的进度。"

跟踪目标，及时发现和解决问题，才能确保目标的实现。在实际工作中，我们发现许多组织，既有明确的目标，人员也没有问题，然而没有达到目标，主要问题是没有像这位执行长一样及时对目标落实情况进行跟踪。因此，应该要有一套具体而详尽的日常实施计划，把它与日程捆绑在一起。比如有的企业抓住每日之末、每周之末、每月之末、每季之末、每年之末五个时间段，将目标转化到具体实施的时间表的细节上，同时加强对每个时间段的督促检查，按制定的工作标准进行考核，发现问题及时采取措施加以解决。

任何事情在执行过程中总会遇到大大小小的问题，理论上的一帆风顺常常会被实际中的惊涛骇浪所吞噬。其实，有的问题只需加以跟进，稍作努力就可解决，而有的问题纷繁复杂，具体执行人员力所不能及，此时上级就要激流勇进，协助解决。

列宁说："信任固然好，监督更重要。"要做到不断跟进、检查与监督，首先要明确实施监督的目的——考核、差错还是提高效率；然后，要对被监督的人员进行工作分析——确定考核的内容；接着，要确定组织内部的监督结构——明确报告对象以及监督权；还要制定并贯彻奖惩条例——设定标准；最后，适当作出调整——完善监督体系，减少执行误差。只有把这些检查工作做到位，才能跟进到位，监督到位，保证执行到位。

▶ 考核越合理，执行越理想

以绩效思维来考核工作是否真正执行到位了，那到位就不是一句只说不做的空话了。合理的绩效考核会让执行的效果变得更加理想。

通用公司员工的活力曲线很好地破解了提升员工工作绩效的奥秘，即员工只有在不断学习、成长和挑战自我的过程中才能够保持长时间的活力。

起初，通用公司只是简单地用许多图表，根据人们的潜能和业绩，将公司员工划分成高、中、低三个等级，但是因为划分时的主观性以及对员工个人因素的忽略，没有推广开来。后来，通用公司又纳入了"365度评估"，也就是把上级、同级和下级的意见都考虑进来。但是，同任何由同事主导的评估方法一样，时间一长，这一办法就纯粹是走过场了，大家乐得相安无事。通用公司最后终于找到了一套更有效的评价组织的方法，即"活力曲线"。

通用公司每个分公司的领导必须对他所领导的团队进行区分，找出哪些人是最好的20%，哪些人是属于中间的大头70%，哪些人是属于最差的10%。最好的20%，可以享受高于B类人员2～3倍的奖励，大量的股票期权和现金会装入他们的口袋，同时也为他们的晋级开了绿灯。对于B类员工，每年也会有工资的提高和部分期权。而对于C类员工，等待他们的就是离开公司的时间了。

将员工按照20：70：10的比例区分出来，逼迫着管理者不得不作出严厉的决定。否则，他们自己就会被划入C类人员之中。划分A类与B类不会有太多的困难，偶尔划错会有团队绩效的客观压力使评判符合实际。而每年把自己团队的人硬性要划出10%作为解聘的人来，这对管理层来说，确实是残酷的事。

韦尔奇认为，让一个人待在他不能成长和进步的环境里，是真正的残酷和野蛮行径。先让一个人等着，什么也不说，直到最后出了事，实在不行了，才告诉人家："你走吧，这地方不适合你。"而此时他的工作选择机会已经很有限了，还要供养孩子上学，这才是真正的残酷。

"活力曲线"之所以在通用公司中能起到很积极的作用，是因为它符合大部分员工在工作中对学习和成长的需要，它通过对人员的分类为不同的人确定了一个更高的目标，在这个目标下，C类员工要努力成为B类员工，B类员工又要努力成为A类员工，这就等于在公司创造一种"没有最好，只有更好"的不断上进的环境，这可以保证员工每天都处于一种积极的刺激之中，从而避免工作中惰性的滋生。

根据企业自身的特点选择一种最合理的考核方式，对于员工执行力的评价和提高是非常有用的。但是要明确一点，无论采取何种考核方式，都是要不断优化的。制定合理的考核指标，确定合适的考核力度，安排最恰当的考核者，优化考核的流程，这些都是考核中要考虑的因素。考核的方式越合理，对于执行力的作用就越大。

▶ 掌握激励的艺术

史都·雷文说："经理和公司老板就是传达这种感觉：'我们是在一起的'、'我们做的事是有价值的'、'我们是团队的一分子'、'我们是最好的'，这些才是激励的温床。"激励是一门艺术，没有激励大家都会变得平庸。

看一个企业人气旺不旺，就要看员工的工作热忱是怎样的。而员工的工作热忱是要被激发的。对于为企业创造优秀业绩的员工，要秉承"给公司惊喜的人，公司就一定要给他惊喜"的激励的理念。

有一家不太知名的保健品公司的主管，有一次公司派他到外地出差。在回来的途中，飞机出了故障，险些坠毁，后来经过机组人员的共同努力，飞机终于安全着陆。

在知道飞机故障已经排除的一刹那，这位主管突然冒出了一个念头：飞机着陆后，下面肯定有很多新闻媒体在等着采访，为什么不趁这个机会对公司的品牌进行宣传，提升一下公司知名度呢？

于是，他立即掏出笔，找来一张大纸并写了一行硕大的字：

"感谢××航空公司机组人员的努力，使得××保健品公司的员工××和××牌保健品能够平安归来。"

果然不出他所料，的确有很多媒体在等着采访，而他与众不同的出现方式，顿时成了媒体采访的焦点。

这样一来，不仅他成了"明星"，公司的保健品也成了"明星"。

这家公司的董事长一直为无法提升产品的知名度而感到苦恼，这样一来，无疑为企业的发展解决了大问题。

当这位主管回到公司的时候，董事长和总经理带着所有的中层主管，都站在门口迎接他，对他为公司所做的一切表示感谢。不仅如此，董事长还因为他灵活的头脑而任命他为公司的副总经理。

针对不同员工的各种需要可以采取不同的激励措施。一般来说，常见的激励分为工作激励和报酬激励两种方式。

工作激励是通过工作安排来激发员工的工作热情，提高工作的效率。它包括三方面的内容：

第一，分配工作考虑到员工的爱好和特长，使个人兴趣与工作更好地结合起来。

第二，充分激发员工的潜能。工作安排要有一定的挑战性，应使工作所需能力略高于员工的实际能力，激发员工奋发向上的精神。

第三，工作丰富化。在工作中给予员工更多的自由，努力改善工作条件，提高员工的工作热情。

报酬激励是对员工的工作成果最有力的评价方式，也是调动员工积极性的有力手段。报酬激励要注意两个问题：

第一，合理付酬。要建立统一的付酬标准，同样的工作用同样的标准来评价成果，用同样的标准付酬，否则，会让员工感到不公平。

第二，处罚合理。有效的处罚同样可以起到激励的作用。当员工在工作中出现错误和失误时，应及时给予必要的批评教育。对员工的批评要充满善意，对事不对人，要有说服力，让人愿意接受。必要时应给予经济处罚，但要注意把握分寸，运用技巧，否则，效果会适得其反。

"道沟理论"保证企业永久生机

企业和员工是相互依存的关系，企业的核心竞争力就是员工的执行力。如果员工陷入安逸的状态，就会给企业带来巨大的危机。没有压力就没有动力，为使员工能够一直保持动力和活力，要激发员工的危机感，促使员工自动自发地履行自己的职责。

深圳航空公司老总董力加曾坦言："深航公司规模小，生存环境、条件相对恶劣。从开始组建深航到今天，自己天天担心的，实际上就是两个字——失败。世界上的百年老店并不多，企业界也遵守'丛林法则'，我们必须天天为生存奋斗，一步不慎就可能垮掉。深航努力使每个员工都具有危机感，能意识到饭碗和乌纱帽都是捧在手上而没有锁在保险柜里，然后通过管理把这种危机感所产生的紧张转化成生产力，这样我们才能活下去。"

为了使企业始终充满朝气与活力，就要使员工既认识到企业面临的危机，又要使员工意识到自身在企业内面临的危机。深航公司发明了"道沟"理论，即"为每个员工前面铺一条路，后面挖一条沟"，或者说"前面放一块金锭，后面放一只老虎"，只能前进，不能后退，唯一的选择是义无反顾地往前冲。

竞争上岗制度和末位淘汰制度就是全体员工身后的一条"沟"。每年一次考评，管理层员工如果不称职或连续两年基本称职则会被淘汰，对素质跟不上但暂不淘汰的员工实行下岗，待岗轮训制度每年强制淘汰率为5%，真正实现了"干部能上能下，员工能进能出，工资能升能降，机构能设能撤"的动态模式。

正因为如此，一家看似不大的国内航空公司，却拥有全国民航1/50的飞机，取得了民航市场1/5的利润，让同行和专家羡慕不已。

这就是作为一种企业文化主动培养员工的危机意识所取得的丰硕成果，

它让我们明白昨天的辉煌不是今天的辉煌，更不是明天的辉煌。

一般来说，员工在岗位保持活力的时间是16个月，前4个月是适应的阶段，熟悉、了解岗位所涉及的人和事，了解岗位的工作要求、岗位的资源、岗位在公司的重要性等；然后的4个月是掌握自己的工作；接着就是完全发挥所知的4个月；最后是热情消失的4个月。在这个过程中，随着员工对环境的陌生感渐渐消失，员工的活力和冲劲就会减少，惰性也就开始生长了。此时如果不及时刺激，员工就会失去活力。这为企业的人力资源管理带来这样一个启示：领导者要让下属保持适度的危机感，在他们前面铺一条路——晋升加薪之路，在他们身后又要挖一道沟——末位淘汰机制，这样才能克制员工的疲劳和惰性，使他们永葆活力。员工保持活力了，部门自然就有活力了，企业自然也有活力了。

第四部分

优秀执行者的成功素质

做最优秀的执行者
Zuo ZuiYouXiu De ZhiXingZhe

第一章
勇于负责，为老板排忧解难

◉ 敢于承担责任，关键时刻挺身而出

老板总是喜欢那些敢于挺身而出，承担重大责任和艰巨任务的人。油滑谄媚、溜须拍马的人或许会获得一时的宠信，但遇到实际问题，老板决不会信赖和依靠他们。

公司的每个部门和每个岗位都有自己特定的职责，但总有一些突发事件无法明确地划分到哪个部门或个人，而这些事情往往还都是比较紧急或重要的。如果你是一名称职的员工，就应该从维护公司利益的角度出发，积极处理这些事情。

某商场要开设自己的千兆网站，建立千兆网，需要克服大量技术上的困难，而具体到网站的设置，又牵涉到大量商业问题。

老板发了愁，到哪里找既懂计算机，又懂销售的人来负责呢？问了好几个人，但他们深知责任重大，自己又有许多不懂的业务，都推辞了。

商场的这项计划一直拖延下来。王杰是计算机专业毕业的，在商场里从事计算机联网的工作，对商业销售也不懂。他看到老板一筹莫展的样子，便自告奋勇，说："我试试吧。"

老板抱着试试看的心理同意了。王杰接手之后，一边积极学习商业销售

知识，向专门人员请教，一边着手解决技术问题。

项目推进得虽然不快，可是却在稳步前进。老板对他的信任也在增加，不断放手给他更大的权力和更多的帮助。最后，王杰完成了任务，被提升为该网站的主管。

那些不把问题留给老板的员工总能够在老板最需要的关键时刻挺身而出，老板也会把一些重要的工作留给他们去做。

钢铁大王安德鲁·卡内基年轻的时候，曾经在铁路公司做电报员。一天正好他值班，突然收到了一封紧急电报，原来在附近的铁路上，有一列装满货物的火车出了轨道，要求上司通知所有要通过这条铁路的火车改变路线或者暂停运行，以免发生撞车事故。

因为是星期天，卡内基一连打了好几个电话，也找不到主管上司。眼看时间一分一秒地过去，而正有一次列车驶向出事地点。此时，卡内基做了一个大胆的决定，他冒充上司给所有要经过这里的列车司机发布命令，让他们立即改变轨道。按照当时铁路公司的规定，电报员擅自冒用上级名义发报，唯一的处分就是立即开除。卡内基十分清楚这项规定，于是在发完命令后，就写了一封辞职信，放到了上司的办公桌上。

第二天，卡内基没有去上班，却接到了上司的电话。来到上司的办公室后，这位向来以严厉著称的上司当着卡内基的面将他的辞职信撕碎，微笑着对他说："由于我要调到公司的其他部门工作，我们已经决定由你担任这里的负责人。不为其他任何原因，只是因为你在正确的时机做了一个正确的选择。"

卡内基在需要有人承担风险的时候没有瞻前顾后，而是第一时间站了出来，作出了需要承担风险的决定。而正因为他这种甘于为组织冒险的高度负责的精神，得到了上司的赏识。

有时候，公司也需要你这样做，老板更希望在他无法兼顾的时候你能维护公司的利益。往往越发艰巨的任务，你越应该主动去承担。另外，承担艰巨的任务是锻炼自己能力难得的机会，长此以往，你的能力和经验会迅速得到提升。在完成这些艰巨任务的过程中，你有时会感到很痛苦，但痛苦会让你变得更成熟。

➤ 该做的事马上去做

一个勇于负责的人，无论在何种情况下，对公司安排的任务都不会拖延，不会过多地去想成功还是失败，而是马上去做自己该做的事。

任何一件应该去做的事，都要立即去做。试一试，才知道结果。做，也许会失败；不做，只有失败。

对于一个以高效执行为奋斗目标的员工来说，立即去做该做的事情是他们有效执行公司目标任务的具体表现。富兰克林说："把握今日等于拥有两倍的明日。"在当今职场上，将今天该做的事拖延到明天，而即使到了明天也无法做好的人，占了大约一半以上。

立即执行是目标任务完成的前提条件。一个勤奋的艺术家不会让任何一个想法溜掉，当他产生了新的灵感时，他会立即把它记下来——即使是在深夜，他也会这样做。他的这个习惯十分自然，毫不费力。一个优秀的执行者其实就是一个艺术家，他对工作的热爱，立即执行的习惯，就像艺术家记录自己的灵感一样自然。

有个农夫新购置了一块农田，可他发现在农田的中央有一块大石头。

"为什么不铲除它呢？"农夫问。

"哦，它太大了。"卖主为难地回答说。

农夫二话没说，立即找来一根火铁棍，撬开石头的一端，意外地发现这块石头的厚度还不及一尺，农夫只花了一点点时间，就将石头搬离了农田。

也许在一开始的时候，你会觉得做到"马上行动"很不容易，但是当你坚持这样做后，你就会发现这其实是一种工作的习惯和态度。而当你体验到他人的肯定给你的工作和生活所带来的帮助时，你就会一如既往地运用这种态度。

不管做什么事情都应该马上行动，做事不能拖延，时间久了，就形成了一种惰性。就像为了按时上班，假定你把闹钟定在早晨6点，然而，当闹钟响时，你睡意仍浓，于是起身关掉闹钟，又回到床上去睡，久而久之，你会养成早晨不按时起床的习惯。

"立即去做你应该做的事！"任何时候，当你感到拖延的恶习正悄悄地向你靠近，或当此恶习已迅速缠上你，使你动弹不得时，你都需要用这句话来提醒自己！

▶ 工作绝不打折扣

有一位成功的培训大师曾在培训中说过这样一件事：

前不久，因为搬新家，我订购了几套新家具，因为工作繁忙，为了节省时间，我和几个厂家约好在同一天送货。谁知道，本来一天可以做完的事情，却花了整整两个星期。

到了约定送家具的那天，先是送床的工人给我打来电话，说因为绳子没有绑紧，运送的时候床垫和床架掉到了马路上，结果床垫被人捡走了，床架他们花了100元才赎回来。于是，他们给我送了一张没有床垫的床，说三天后再将床垫送过来。

接着，送影视墙的厂家又给我打来电话，说工人在搬东西的时候，不小心将影视墙的底座弄坏了，他们只能重新再做，至少得花两个星期，两个星期后才能送货。这样一来，我预订的电视和配套的音响就只能放在地上，而且还得等影视墙送到后，再请师傅重新上门安装。于是，我只能对已经在家等待的师傅说，请他下次再来。

但烦恼并没有到此结束，送书架的工人上门后，却发现其中的一组书架和墙的尺寸对不上，无法安装，只能回去再换。不仅如此，我预订的电动晾衣架，安装后第二天就发现接触不良，既升不上去又降不下来，结果只好又打电话约定时间，请工人再次上门检查安装。

　　这个故事能够给你足够的启示吗？当我们接受任务之后，是不是该全力以赴将事情做到最圆满呢？

　　其实，这些本来都是可以一次做到位的事，却要反复做好几次，客户的时间耽误了不说，对自己来说，损失也很大。

　　这样的例子在我们的工作中也随处可见。许多人接受任务后，敷衍了事、漫不经心，本来可以一次完成的事情，偏偏要翻来覆去不停地折腾才把事情完成，给自己、公司和客户都带来不必要的损失。执行中普遍存在这样的问题。

　　有责任心的员工、力争优秀的员工都有一个共性：工作时不打折扣。他们会想尽办法，竭尽全力把任务完成，并且会培养"一步到位"的执行精神，强化执行品质和效果。

　　有一位老会计，从事财务工作几十年，没有做错过一笔账。有人问他为什么能做到这点，他的同事说："你不用看他记账，只要看一下他扫地就明白了。"

　　原来这位老会计扫地都与众不同。他总是那样一丝不苟，干净利落。他扫完地后，你会发现他扫过的地方干净无比。别人又问他是怎么做到这一点的，他说："什么事情，如果你觉得它没有价值，那你就可以不去做它。但是，如果确定要去做了，你就要做好，这是一种责任心。因为你已经选择了做这件事，这就是你的职责，你怎么还能三心二意、马马虎虎地去对付呢？"

　　一份英国报纸上刊登了一则教师的广告："工作很轻松，但要尽职尽责。"一个人无论从事何种职业，都应该认真地把工作做好，不打折扣，尽自己的最大努力，求得不断的进步。这不仅是工作的原则，也是一个人拥有责任感的体现。

　　在工作中我们要明确自己的责任，不能马虎了事。美国的卡特总统在得克萨斯州一所学校做演讲时曾对学生们说："比其他事情更重要的是，你们需要知道怎样专注于一件事情并将这件事情做好，这样你就永远不会失业！"

即使已经"没有问题"，也要再次把关

2003年的重庆开县"井喷"事故至今仍让人们心有余悸。它就是由于对工作中的一些细小疏忽而造成的。

2003年12月23日夜，重庆市开县高桥镇，中国石油天然气集团公司西南油气田分公司川东北气矿罗家16H井在起钻时，突然发生井喷，富含硫化氢的气体从钻井喷出达30米高，失控的有毒气体随空气迅速扩散，导致了在短时间内发生大面积的灾害。这次事故造成243人死亡、4000多人受伤、93万多人受灾的恶劣后果。

经过调查，发现事故原因如下：

在起钻前，钻井液循环时间不够；在起钻过程中，违章操作，钻井液灌注不符合规定；未能及时发现溢流征兆；有关人员违章卸掉钻柱上的回压阀，这是导致井喷失控的直接原因。

如果在起钻前，有人仔细地检查过钻井液循环的程度；如果起钻过程有人严格把关；如果有专人专门监视溢流征兆……如果在已经感觉"没有问题"的时候，再把一把关，也许这些细小的疏忽都会被发现，也许如此重大的事故就不会发生。

在工作的过程中，往往我们觉得"没问题"、"差不多"的时候，就会有隐患潜伏在工作的某一个环节中，在我们疏忽大意的时候，给我们带来沉重的打击。

一些细小的疏忽很可能给你带来意想不到的不良后果。所以我们在工作中，对于自己职责范围内的工作，一定要检查再检查，细致再细致，本着高度负责的精神，确保执行万无一失。

李新民，一个油田职工耳熟能详的名字；李新民，一个凭借强烈的责任感和使命感传承铁人勇于负责的职业精神的人。

2003年，李新民接过铁人的刹把，扛起1205钻井队的大旗。承载着1205队的辉煌历史，作为1205队第18任队长，李新民深知肩上担子的分量。入队那一刻起，李新民暗下决心：要像铁人那样工作，像铁人那样负责，一定不能给这个英雄的集体丢脸！

李新民把全部心血倾注到工作上，一年中，他有270多天守在井上，有2800多小时跟班作业。李新民说："我应该时时处处身体力行，做好表率，用铁人精神保证不出安全事故，保证1205队的成绩，保证带好队伍！"

2004年2月，在1205队钻井进尺向200万米大关突破的关键时刻，井架立管油壬突然刺漏。李新民带领技术骨干成立抢修小组，迅速查出原因，组织排除故障。油壬旋紧的过程中遇到困难，李新民二话不说，系上安全带爬上井架，在刺骨的寒风中抡起大锤砸紧油壬，保证了钻机开钻。

社会各行各业都需要那些具备强烈使命感和责任感的人，有使命感和责任感的人不会被动地完成任务，而是积极主动地给自己的工作挑毛病，及时解决，杜绝隐患，为工作树立严格的标准。即使感觉已经没有问题，他们也会再次把关，一定要让自己有十分的把握才会罢休。员工的责任心，就是企业的防火墙。员工的责任心越强，企业的损耗就越低，效益就越高。反之，如果企业员工的责任心缺失，再强大的企业也终会倒闭。

不找借口，体现完美执行力

一个不找借口的员工，肯定是执行力很强的员工。任何一个老板都希望拥有更多的优秀员工，能不折不扣地完成任务。当老板让你做更多、更重要的工作时，你如果能认真执行，且不找任何借口的话，会让老板非常欣赏你。

而对一个员工来说，接受任务，就意味着作出了承诺；作出了承诺，就要无条件地去兑现。工作就是一种职业使命，就是不找任何借口地去执行。

巴顿将军在他的战争回忆录《我所知道的战争》中，曾写了这样一个细节：

"我要提拔人时常常把所有的候选人排到一起，给他们提一个我想要他们解决的问题。我说：'伙计们，我要在仓库后面挖一条战壕，8英尺长，3英尺宽，6英寸深。'我就告诉他们那么多。那是一个有窗户或有大节孔的仓库。候选人正在检查工具时，我走进仓库，通过窗户或节孔观察他们。我看到伙计们把锹和镐都放到仓库后面的地上。他们休息几分钟后开始议论我为什么要他们挖这么浅的战壕。他们有的说6英寸深还不够当火炮掩体。其他人争论说，这样的战壕太热或太冷。如果伙计们是军官，他们会抱怨他们不该干挖战壕这么普通的体力劳动。最后，有个伙计对别人下命令：'让我们把战壕挖好后离开这里吧！那个老家伙想用战壕干什么都没关系。'"

最后，巴顿写道："那个伙计得到了提拔。我必须挑选不找任何借口完成任务的人。"

无论什么工作，都需要不找任何借口去执行的人。对职场人士而言，无论做什么事情，都要记住自己的责任，无论在什么样的工作岗位上，都要对自己的工作负责。不要找任何借口来为自己开脱，完美执行是不需要任何借口的。

麦克原来是一名普通的银行职员，后来受聘于一家大型汽车公司。工作了6个月之后，他想试试是否有提升的机会，于是直接写信向老板杜兰特先生毛遂自荐。老板给他的答复是："任命你负责监督新厂机器设备的安装工作，但不保证加薪。"

麦克没有受过任何工程方面的培训，根本看不懂图纸。但是，他不愿意放弃这次机会。于是，他发挥自己的领导才能，自己花钱找到一些专业技术人员完成了安装工作，并且提前一个星期完成。结果，他不仅获得了提升，薪水也增加了10倍。

"我知道你看不懂图纸，"老板后来对他说，"如果你随便找一个理由推掉这项工作，我可能会让你走。我最欣赏你这种工作不找任何借口的人！"

如果麦克起初以看不懂图纸为由，拒绝这一项工作，也许便没有后来的千万富翁麦克了。

优秀的员工从不在工作中寻找任何借口，他们总是把每一项工作尽力做到超出客户的预期，最大限度地满足客户提出的要求，也就是"满意加惊喜"；他们总是出色地完成上级安排的任务；他们总是尽力配合同事的工作，对同事提出的帮助要求，从不找任何借口推托。"没有任何借口"做事情的人，身上所体现出来的是一种服从、诚实的态度，一种负责、敬业的精神，一种完美的执行力。

第二章
专注，才会挖掘出自身的能量

▶ 执行就要心无旁骛

一位年老的猎人带着他的三个儿子去草原上捕捉野兔。一切准备妥当，这时老猎人向三个儿子提出了一个问题：

"你们看到了什么呢？"

老大回答道："我看到在草原上奔跑的野兔，还有一望无际的草原。"

父亲摇摇头说："不对。"

老二回答的是："我看到了爸爸、大哥、弟弟、野兔，还有茫茫无际的草原。"

老猎人又摇摇头说："不对。"

而老三的回答只有一句话："我只看到了野兔。"

这时老猎人才说："你答对了。"

执行就像打猎，要专注于你的目标，做到心无旁骛。从事任何工作都不能朝三暮四，三心二意。专注力是优秀的执行者身上的一大特质，也是一个员工纵横职场的良好品格。一个人如果不能专注于自己的工作，是很难高效执行的。在当今时代，没有哪家企业、哪个老板会喜欢做事三心二意、三天打鱼两天晒网的员工。从这种意义上说，工作专心致志的人，就是能把握成功机遇的人，只有一心一意做事的人，才能受到老板的器重与提拔。

美国有家大公司在招聘员工时，通常很注重考察应聘者专心致志的工作作风。通常在最后一关时，都由总裁亲自考核。

现任经理要职的哈里斯在回忆当时应聘时的情景时说："那是我一生中最重要的一个转折点。一个人如果没有专注工作的精神，那么他就无法抓住成功的机会。"

那天面试时，公司总裁找出一篇文章对哈里斯说："请你把这篇文章一字不漏地读一遍，最好能一刻不停地读完。"说完，总裁就走出了办公室。

哈里斯想：不就读一遍文章吗？这太简单了。他深吸一口气，开始认真地读起来。过了一会儿，一位漂亮的金发女郎款款而来，说道："先生，休息一会儿吧，请用茶。"她把茶杯放在桌子上，冲着哈里斯微笑着。

哈里斯好像没有听见也没有看见似的，还在不停地读。

又过了一会儿，一只可爱的小猫伏在了他的脚边，用舌头舔他的脚踝，但他只是本能地移动了一下他的脚，这丝毫没有影响他的阅读，他似乎也不知道有只小猫在他脚下。

那位漂亮的金发女郎又飘然而至，要他帮她抱起小猫。哈里斯还在大声地读，根本没有理会金发女郎的话。

终于读完了，哈里斯松了一口气。这时总裁走进来问："你注意到那位美丽的小姐和她的小猫了吗？"

"没有，先生。"

总裁又说道："那位小姐可是我的秘书，她请求了你几次，你都没有理她。"

哈里斯很认真地说："你要我一刻不停地读完那篇文章，我只想如何集中精力去读好它，这是考试，关系到我的前途，我不能不专注一些。别的什么事我就不太清楚了。"

总裁听了，满意地点了点头，笑道："小伙子，你表现不错，你被录取了！在你之前，已经有50人参加考试，可没有一个人及格。"他接着说：

"在纽约，像你这样有专业技能的人很多，但像你这样专注工作的人实在太少了！你会很有前途的。"

果然，哈里斯进入公司后，靠自己的业务能力和对工作的专注和热情，很快就被总裁提拔为经理。

一心一意地专注于自己的工作，是每个高效复命者获取成功不可或缺的品质。不专注的结果是分散工作的能量，致使工作效果趋于平庸。一个卓越的执行者一定能够把他自己完全沉浸在他的工作里。

因为专注，我们会对自己的目标产生虔敬之意；因为专注，内心中会泉涌般滋长出创造的快感与灵魂的愉悦；因为专注，我们会更容易逼近成功的内核。当你能够一心一意去做每一件事时，成功就会在不远处向你招手。

▷ 干一行，爱一行

做一名优秀的执行者，需要对自己的工作倾注极大的热情。一个不热爱自己的工作的人很难练就强大的执行力。那些在工作中作出杰出成就的人无一不深爱着自己的工作，将工作中的荣誉当成对自己人生最大的奖赏。

日本有一项国家级的奖项，叫"终身成就奖"。无数的社会精英一辈子努力奋斗的目标，就是为了能够最终获得这项大奖。但其中有一届的"终身成就奖"颁给了一个"小人物"——清水龟之助。

清水原来是某橡胶厂的一名工人，后来转行做了邮差。在最初的日子里，他没有尝到多少工作的乐趣和甜头，于是在做满了一年以后，便心生厌倦和退意。这天，他看到自己的自行车信袋里只剩下一封信还没有送出去时，便想道：我把这最后的一封信送完，就马上去递交辞呈。

然而这封信由于被雨水打湿而地址模糊不清，清水花费了好几个小时的时间，还是没有把信送到收信人的手中。由于这将是他邮差生涯送出的最后一封信，所以他发誓无论如何也要把这封信送到收信人的手中。他耐心地穿越大街小巷，东打听西询问，好不容易才在黄昏的时候把信送到了目的地。原来这是一封录取通知书，被录取的年轻人已经焦急地等待好多天了。当年轻人终于拿到通知书的那一刻，他激动地和父母拥抱在了一起。

看到这感人的一幕，清水深深地体会到了邮差这份工作的意义所在。"因为即使是简单的几行字，也可能给收信人带来莫大的安慰和喜悦。这是多么有意义的一份工作啊！我怎么能够辞职呢？"

从这以后，清水更多地体会到了工作的意义，他不再觉得乏味与厌倦，他深深地领悟了职业的价值和尊严，一干就是25年。从30岁当邮差到55岁，清水创下了25年全勤的空前纪录。他在得到人们普遍尊重的同时，也于1963年得到了日本天皇的召见和嘉奖。

《圣经》上说："你看见辛苦敬业的人么，他必站在君王面前，因为敬业的人才可以得救，敬业是通向天堂的通行证。"

对于自己所从事的工作，爱与厌，苦与乐，大都存乎于一念之间。有人成天郁郁寡欢，抱怨自己的工作不好；有人天天心情舒畅，把工作当成享受。"三百六十行，行行出状元。"这不仅强调了每一项工作的重要，更说明了每一项工作都大有可为。工作带给你的是快乐还是折磨，主要在于你对工作的态度。

西拉斯·菲尔德是著名企业家和大西洋电缆建设工程的发起人。16岁那年，他离开斯托克布里奇的家到纽约去寻找发财致富的机会。离开家门时，父亲给了他8美元，这是全家人省吃俭用好不容易节省下来的。到达纽约之后，他去了哥哥大卫·菲尔德的家里，后来，他哥哥成了纽约法律界的要人。住在哥哥家的时候，西拉斯·菲尔德很不快乐，从他脸上就能看出来，这引起了一位客人马克·霍普金斯的注意。霍普金斯对他说："如果一个孩子在外面老是想家的话，我什么也不会给他。"

西拉斯经常去商业图书馆泡一个晚上，他还参加了每周六晚上举办的一个辩论团体。

后来，西拉斯到斯图尔特的商店工作，那是当时纽约最好的干货店。第一年，他在那里跑腿，年薪50美元，必须在早晨6点到7点之间上班。

店主斯图尔特的规定是很严格的。其中一条要求店员在早晨上班时、吃完午餐和晚餐时都要签到。如果上班迟到、午餐超过一小时或晚餐超过45分钟，都要罚款。西拉斯在考勤上做得无可挑剔，对店里的工作也兢兢业业，他很快就得到了店主的信任。这样的店员，自然很快就得到了提升。

成为店员后，他要从早上8点干到晚上关门。

"我总是很注意，"西拉斯先生在自传里写道，"在顾客到达之前一定要赶到店里，在顾客离开之前决不能提前下班。我的想法就是要使自己成为一个最好的推销员。我尽量从各个部门学习一切有价值的东西，我深深地懂得：将来的一切都取决于我今天的努力。"

每个人的工作都属于一个特定的行业，只有首先热爱自己的行业才能成为行业中的佼佼者。每一行都有其苦乐，因此你不必想得太多，关键是要把精力放在工作上。要像海绵一样，广泛吸取这一行业中的各种知识。你可以向同事、主管、前辈请教，还可以吸收各种报纸、杂志的信息。此外，专业进修班、讲座、研讨会你也可以参加，也就是说，要在你所干的这一行业中全方位地深度发展。假若你学有所成，并在自己的工作中表现出来，你必然会引起老板的注意。

工作无贵贱，行业无优劣，只要热爱自己的职业，不论在什么行业都可以干出一番事业。

▶ 戒除浮躁心态，用心做好每件事

"用心做好每件事"是一个优秀员工必备的执行素质。只有用心做好每件事，才能在工作中积累实际经验，完成量变到质变的过程。而要用心做好每件事，却不是那么容易的。在职场中，每个人都会或多或少地产生浮躁的心态，影响到执行的结果。

浮躁的工作态度使人们难以沉下心来做好每一天的工作。他们认为现在的工作太平凡乏味，根本不值得自己投入精力去做，对待工作敷衍了事，能应付就应付，能推诿就推诿。整日不是抱怨上司不识"千里马"，就是为自己的"怀才不遇"而愤愤不平，牢骚满腹。

心态浮躁的员工将希望完全寄托在"伯乐"身上。认为之所以在这家公司遭受挫折，原因就在于没有"伯乐"发现自己。这家公司没有"伯乐"，如果继续在这家公司待下去，那么自己的"卓越才能"肯定会被埋没，唯有离开这家公司，进入有"伯乐"的公司，自己才有出头之日。正是抱着这种寻找"伯乐"的思想，他们不断跳槽，希望以此改变自己蹉跎的职业轨迹。可如此跳来跳去，不但没有越跳越高，实现自己的远大梦想；相反，却因为能力不足、学习不够、品质污点而蹉跎了整个人生。

杰克是沃尔玛公司的员工，他已经在这家公司工作两年了。工作条件虽不算很好，但能学到一些东西。他每天按时上班，按部就班工作，倒也乐得轻松自在。

一次，杰克参加同学聚会，发现大家都发展得不错，都比自己要好一点。于是，他开始对自己的现状不满意了，考虑要向经理要求加薪，否则就找机会跳槽。

终于有一天，他找到了一个机会向经理提出了加薪的要求。经理只是笑笑，没有理会他。从那以后，杰克就再也打不起精神工作了，他开始敷衍工作。一个月后，经理把他的工作转交给了其他员工去做，大有"清理门户"的意思。因为杰克也早就不想在这里"委屈"自己了，于是便递交了辞呈。

让他没想到的是，接下来的几个月里，他并没有找到更好的工作，不是条件差，就是薪水更低。

正如杰克一样，许多心态浮躁、整天想要跳槽的人，工作反而愈换愈差，因为他们根本无暇在自己的专业领域里积累经验和使实力更上一层楼。反倒是那些心态平和、用心做好每份工作的人，往往能够大展宏图。

如果说在物质贫乏的时代，阻碍人们走向成功的首要原因是人们没有梦想、不敢梦想的话，那么现在，阻碍人们成长和成功的正是这些不切实际的梦想。

员工的浮躁心理不但对企业有害，更会危害到员工自身。所以，任何一个优秀的员工都会自觉戒除浮躁心态。他们的经验告诉我们，不管你的能力有多强，你都必须从最基础的工作做起，用心对待在职的每一天，做好每件事。职场永远不会有一步登天的事情发生，任何人要想脱颖而出，唯一的机会就是把现在的工作做好，在普通平凡的工作中创造奇迹。

成功就是用心做好每件事。无论你现在处于什么位置，只要你能用心去做每件事，就能实现自己的价值。即使日常生活中再平凡不过的事，也值得我们全神贯注去做。工作是否枯燥乏味，通常由我们工作时的心境决定。用心对待在职的每一天，踏踏实实做好现在的工作，才能逐渐积累经验，磨炼意志，增长学识，从而获得职业发展的机会。

◆ 像大象一样脚踏实地

李嘉诚说："不脚踏实地的人，是一定要当心的。假如一个年轻人不脚踏实地，我们使用他就会非常小心。你造一座大厦，如果地基打不好，上面再牢固，也是要倒塌的。"

人们爱称象为大笨象，意思是说它又大又笨。大是肯定的，非洲象的体重最高纪录达7吨半，亚洲象的最大体重为5吨，毫无疑问，即使是最轻的象，也堪称当今陆地上兽类的"巨人"。

如此重量级体重致使它行走有点笨拙，不够轻盈灵活。但是笨归笨，慢归慢，大象走起来却是一步一个脚印，每一步都蕴涵着雄厚的实力。职场中有许多人大话说得天花乱坠，但实际工作中却没有一项能得到实在的落实。踏实，是任何企业、任何岗位上都不可缺少的一项执行素质。环顾你的周围，你会发现，那些成绩卓著、不可替代的员工，没有一个不是踏踏实实、一步一个脚印走出来的。只有脚踏实地的人才会让上级和企业对你产生信任，也愿意将更多的责任赋予你。

有不少人每天都在想办法寻求成功的捷径，一行动起来，就尽可能地钻空子、占便宜，而不愿踏踏实实地按照正当的程序去做，白白地丢掉了成功的机会，也丧失了更多的自我发展的可能。

克劳斯特·宾偶然间从报纸中缝里发现了一则"德国科利银行"招聘经营管理职员的广告。

他准时赴约，总经理接待了他。克劳斯特·宾一看满脸严肃的总经理，心里就忐忑不安起来。但是他尽力保持镇静，详尽地回答总经理的提问。

总经理问："先生，你能从工作的实际经验出发，给我描述一下公司的未来吗？"

克劳斯特·宾回答说："先生，我认为公司的发展应当是秩序化的管理，而不是什么关于未来的夸夸其谈。"

总经理问："为什么这样说呢？"

"因为我到您这里的时候，已经看到了公司的现状。"这时，外面突然传来警车鸣笛的声音，但是克劳斯特·宾却好像什么也没有听见，仍在认真阐述自己的观点……

总经理说："你是到本公司面试的第109个人，其中有84个人与你的观点相近。"

总经理的话意味着什么，明眼人一听就知道了。克劳斯特·宾心里感到很难受，真是"乘兴而来，败兴而去"，不过，他还是很有礼貌地起身告辞。

他走到门口的时候，突然发现有一颗钉子掉在地上，没有多想什么，他就把钉子捡了起来装在自己的口袋里，慢慢地向门外走去……

这时，总经理突然在后面喊道："先生，我能继续和您谈谈吗？"

克劳斯特·宾非常惊讶地问："先生，我不是没有希望吗？"

总经理笑着说："先生，在面试的109个人中，只有你一个人是那样回答问题的。重要的就是你刚才捡钉子的动作，实在让我震惊。要知道，有多少面试的人都踢开了这颗钉子，唯有你看到了这颗钉子的存在，这证明你非常务实。我决定录用你！"

　　脚踏实地的务实精神是一个优秀的执行者所必备的素质，也是实现梦想、成就一番事业的关键因素，自以为是、自高自大是脚踏实地工作的最大敌人。你若时时把自己看得高人一等，处处表现得比别人聪明，那么你就会不屑于做别人的工作，不屑于做小事。

　　美国总统罗斯福曾说过："成功的平凡人并非天才，他资质平平，却能把平平的资质，发展成为超乎平常的事业。"因此，每个职场中人要想实现自己的梦想，就必须调整好自己的心态，打消投机取巧的念头，从一点一滴的小事做起，在最基础的工作中，不断提高自己的能力，为自己的职业生涯积累雄厚的实力。

第三章
打破框架，创造性地工作

➤ 创造性地完成任务，为执行"升级"

老板都喜欢能够提出新想法，善于创造性完成任务的员工，因为这类员工的执行效果会远远超出老板的期待。他们不仅能够解决自己工作中的实际问题，使个人的工作"增值"，而且还十分有利于激活企业的竞争力，使全体员工为企业的总目标作出贡献。

作为华人首富，李嘉诚的名字可谓家喻户晓。他之所以能成为华人首富，是因为他从打工的时候起，就是一个善于创造性解决问题的高手。

李嘉诚的父亲是位老师，他非常希望李嘉诚能够考个好大学。然而，父亲的突然去世，使得家庭的重担全部落到了才十几岁的李嘉诚身上，他不得不靠打工来维持整个家庭的生计。

他先是在茶楼做跑堂，后来应聘到一家企业当推销员。干推销员首先要能跑路，这一点难不倒他，以前在茶楼成天跑前跑后，早就练就了一副好脚板，可最重要的还是怎样千方百计把产品推销出去。

有一次，李嘉诚去推销一种塑料洒水器，连走了好几家都无人问津。一上午过去了，一点儿收获都没有，如果下午还是毫无进展，回去将无法向老板交代。

尽管刚开始进行得不太顺利，但是他仍然不断地鼓励自己，精神抖擞地走进了另一栋办公楼。他看到楼道里的灰尘很多，突然灵机一动，没有直接去推销产品，而是去洗手间拿来洁具将楼道打扫干净，然后用洒水器洒了些水在楼道里。原来很脏的楼道，一下变得干净起来。当他向主管办公楼的人推销时，也没有自卖自夸，而是领他们到楼道参观。干净的楼道令主管人员非常惊讶，虽然他知道仅仅靠一把洒水器是不可能办到的，但对于眼前这个勤奋而有头脑的小伙子却陡生好感。结果，当天下午，李嘉诚在这里就卖掉了十多台洒水器。

李嘉诚这次推销为什么成功了呢？原因在于把握了一个推销的诀窍："听别人说好，不如看到怎样好；看到怎样好，不如使用起来好。"要让客户动心，就必须让他们看到产品带来的实实在在的好处。

在李嘉诚的推销生涯中，他总是将香港分成几片，对各片的人员结构进行分析，了解哪一片的潜在客户最多，有的放矢地去跑，这样一来，他获得的收益比别的推销员要多得多。

面对同一种工作，有的人认为无从下手，而有的人却可以做得很好，其中的关键差别就在于能不能用创新的眼光去看待问题。

很多人经常说："这份工作太难了，根本就做不好嘛。"

"这么难，让我无从下手，可怎么做啊！"

找不到方法来解决问题，工作自然是做不好的。我们说：没有做不好的工作，只有不会创新的员工。一旦让工作陷入一成不变的模式，就很难激发更多的工作能力。只有拥有创新的思路，工作中的困难才会很容易被克服。

日本JR电车每碰到下雨天总会在车内广播："请不要忘了自己的伞。"但后来，有人提出了异议：一成不变的广播词有何意义呢？这个广播无非是要提醒乘客注意，不要将伞遗失在车上。但因为例行公事而了无新意，从而导致乘客出现听觉"麻木"，丢伞事件在车上时有发生。于是，好的想法提出来了，如果在广播中改口说："目前送到东京车站的遗失物管理处的雨伞已超过300把，请各位注意自己手边的伞。"这样，乘客们一定会洗耳恭听。

真的想要提醒乘客"不要忘了自己的伞"，就应该采取好的广播方式，或其他更好的方法。

拥有了创新的思维，可以让看似难以解决的困难迎刃而解，可以让看似难以完成的工作顺利进行。

因此，我们在工作中应当注重创意，善于创造性地解决问题。

"换地方打井"，学会变通

"换地方打井"这个理念是由著名思维学家、有"创新思维之父"之称的德·波诺提出来的，他用这个比喻来向我们描述一种平面思维法。

什么是平面思维法呢？

"平面"是针对"纵向"而言的。"纵向思维"是依托逻辑，沿着一条固定的思路走下去，强调的是思维的深度，而平面则强调思维的广度，偏向多角度地思考问题。

为了阐释这种思维方式，他打了一个通俗的比方：

在一个地方打井，老打不出水来，以纵向思维法思考的人，只会嫌自己打得不够努力，于是加大力度，不停地继续打下去，一定要打出水来。而按平面思维法思考的人，则会考虑自己选的地方可能不对，可能根本就没有水，或者要挖很深很深才可以挖到水。与其在这样一个地方往死里努力，不如另外寻找一个更容易出水的地方打井。

从这个比喻可以看出，纵向思维法总是放弃别的可能性，而不停地在一个思维模式中僵持下去，因此大大局限了执行力。平面思维法则不断探索其他的可能性，所以容易找到工作的另一个出口，执行起来就会更轻松，也更有效率。

善于运用平面思维法的人，总是会在适当的时候"换地方打井"，用比别人更短的时间更好地完成任务，作出令人满意的结果。

越南战争期间，美国好莱坞举行过一次募捐晚会，由于当时的反战情绪非常强烈，募捐晚会以1美元的尴尬结果而告终，创下好莱坞的一个纪录。不过，在这次晚会上，一个叫卡塞尔的小伙子却一举成名，他是苏富比拍卖行的拍卖师，那1美元就是他募集到的。

他让大家在晚会上选一位最漂亮的姑娘，然后由他来拍卖这位姑娘的1个吻，最后他募到了难得的1美元。当好莱坞把这1美元寄往越南前线的时候，美国的各大报纸都进行了报道。

人们看到这一消息，都惊叹于这件事对战争的嘲讽。然而德国的某一猎头公司却发现了卡塞尔这位天才，他们认为卡塞尔是棵摇钱树，谁能运用他的头脑，必将财源滚滚。于是，这家公司建议日渐衰落的奥格斯堡啤酒厂重金聘他为顾问。

1972年，卡塞尔移居德国，受聘于奥格斯堡啤酒厂。他果然不负众望，在那里异想天开地开发了美容啤酒和浴用啤酒，从而使奥格斯堡啤酒厂一夜之间成为全世界销量最大的啤酒厂。

1990年，卡塞尔以德国政府顾问的身份主持拆除柏林墙。这一次，他使柏林墙的每一块砖都以收藏品的形式被卖入了世界上200多万个家庭和公司，创造了城墙砖售价的世界之最。

1998年，卡塞尔返回美国，他下飞机时，美国赌城——拉斯维加斯正在上演一出拳击闹剧，泰森咬掉了霍利菲尔德的半只耳朵。出人意料的是，不久，欧洲和美国的许多超市竟然出现了"霍氏耳朵"巧克力，其生产厂家是卡塞尔的特尔尼公司。这一次，卡塞尔虽因霍利菲尔德的起诉输掉了赢利额的80%，然而，他天才的商业洞察力却给他赢来年薪3000万美元的身价。

卡塞尔有一句名言：生意场上，无论买卖大小，出卖的都是智慧。

历史上的杰出人物，无一不是将变通的智慧运用到极致的代表。

一个成功的执行者，绝不会让自己陷入某种思维的桎梏无法自拔，而是会适时地让自己从牛角尖里退出来，用平面思维的方法去寻找其他的出口。

我们在工作中也应当学会德·波诺的平面思维法，学会"换地方打井"，只有这样，才不会因为思想的僵化而陷入工作的瓶颈。

▶ 没有做不到，只怕想不到

戴高乐说："眼睛所到之处，是成功到达的地方，唯有伟大的人才能成就伟大的事，他们之所以伟大，是因为决心要做出伟大的事。"

工作中必然会遇到各种各样的困难，在那些工作不称职的员工看来，困难总是太大太多，以至于根本无法克服；而在善于创新的人眼中，工作没有做不到，只怕想不到。

柯特大饭店是美国加州圣地亚哥市的一家老牌饭店。由于原先配套设计的电梯过于狭小陈旧，已无法适应越来越多的客流，于是，饭店老板准备改建一个新式的电梯。他重金请来全国一流的建筑师和工程师，请他们一起商讨，该如何进行改建。

建筑师和工程师的经验都很丰富，他们讨论的结论是：饭店必须新换一台大电梯。为了安装好新电梯，饭店必须停止营业半年时间。

"除了关闭饭店半年就没有别的办法了吗？"老板的眉头皱得很紧，"要知道，这样会造成很大的经济损失……"

"必须得这样，不可能有别的方案。"建筑师和工程师们坚持说。

就在这时候，饭店里的清洁工刚好在附近拖地，听到了他们的谈话，他马上直起腰，停止了工作。他望望忧心忡忡、神色犹豫的老板和那两位一脸自信的专家，突然开口说："如果换上我，你们知道我会怎么来装这个电梯吗？"

工程师瞟了他一眼，不屑地说："你能怎么做？"

"我会直接在屋子外面装上电梯。"

工程师和建筑师听了，顿时诧异得说不出话来。

很快，这家饭店就在屋外装设了一部新电梯。在建筑史上，这是第一次把电梯安装在室外。

客流量增加了，必须再安装一部电梯缓解客流，这是需要解决的问题。但是怎样才能既不影响饭店营业，又能安装电梯呢？这就需要一个最佳方案。将新电梯安装在饭店外面，这无疑是从未有过的尝试，正是这样创新的想法，缓解了客流和正常营业之间的矛盾，这就是最佳方案。

只有想不到，没有做不到。在困难面前我们要保持足够的韧性。遇到困难不惧怕，是优秀员工获取事业成功的重要因素。成功学家卡耐基曾经说过："生活只需要积极的人，而消极的人只能在这个世界上逐渐委靡，最后消失。"工作中，我们总会碰到各种各样看似无法解决的问题。这些问题就像拦路虎，挡住了我们的去路，使我们战战兢兢，不敢前行一步。但我们要坚信，没有解决不了的问题，只有还未开启的智慧。只要我们努力思考，积极寻找解决问题的方法，就一定能做到我们本以为做不到的事情！

▶ 带着思想来工作

思想决定成败，头脑决定成败，有思想、有头脑的员工是最有价值、最有发展前途的员工。带着思想工作，带着智慧工作，带着想法工作，才能做出出色的业绩，才能成为企业倚仗的人才。善于用脑无疑是执行中必备的成功素质之一。

那么，怎样做才是带着思想工作呢？

简单来说，带着思想工作实际上就是在工作中要有自己的想法，要勤于动脑，勇于打破常规。

一次，美国通用公司招聘业务经理，吸引了很多有学问、有能力的人前来应聘。在众多应聘者中，有三个人表现极为突出，一个是博士A，一个是硕士B，另一个是刚走出大学校门的毕业生C。公司最后给这三个人出了这样一道题：

有一个商人出门送货，不巧正赶上下雨天，而且离目的地还有一大段山路要走，商人就去牲口棚挑了一头驴和一匹马上路。

路非常难走。驴不堪劳累，就央求马替它驮一些货物，可是马不愿意帮忙，最后驴终于因为体力不支而死。商人只得将驴背上的货物移到马身上，马就有些后悔。

又走了一段路程，马实在吃不消背上的重量了，就央求主人替它分担一些货物，此时的主人非常生气地说："如果你替驴分担一点，现在就不会这么累了，这都是你自找的，活该！"

没多久，马同驴一样也累死在路上，商人只好自己背着货物去买主家。

应聘者需要回答的问题是：商人在途中应该怎样才能让牲口把货物驮往目的地？

A说：把驴身上的货物减轻一些，让马来驮，这样就都不会被累死。

B说：应该把驴身上的货物卸下一部分让马来背，再卸下一部分自己来背。

C说：下雨天路很滑，又是山路，所以根本就不应该用驴和马，应该选用能吃苦且有力气的骡子去驮货物。商人根本就没有想过这个问题，所以造成了重大损失。

结果，C被通用公司聘为业务经理。

A和B虽然都有较高的学历，但是遇事不能仔细思考，应聘没有成功。C虽然没有很高的学历，但是他遇到问题不拘泥原有的思维模式，善于运用自己的思想，灵活多变，所以他成功了。

C就是一个用自己的思想工作的人。

一个会思想的人大脑比什么都重要。一个人没有技能，可以拜师学艺；没有知识，可以求学问道；没有金钱，可以筹借贷款……但一个人如果没有善于思考的大脑，一切都无从谈起。成功始于思想，成于思想。

美国家用电器大王休斯原来是一家报社的记者，由于和主编积怨太深，他一气之下辞职不干了。

有一天，休斯应邀到新婚不久的朋友索斯特家吃饭。吃菜时，他尝到菜里有一股很浓的煤油味，简直没法下咽。但碍于情面，他又不好说什么。索斯特不可能吃不出那怪味道，但他也无可奈何，他新婚的妻子是用煤油炉做饭的，那时候大家都用那种炉子，很容易把煤油溅到锅里。他当着朋友的面也不好说妻子什么，只好对着煤油炉抱怨："这该死的炉子真讨厌，三天两头出毛病，你急用时它偏要熄灭，每次修都弄一手油……"

最后，索斯特又若有所思地说："要是能有一种简便、卫生、实用的炉子就好了。"

说者无意，听者有心。索斯特的话对休斯的触动很大。"对呀，为何不生产一种全新的炉具投放市场呢？"有了这一想法后，他开始重新设计自己的人生目标，全身心地投入研制新型家用电器上。经过不懈的努力，他终于在1904年成功地研制出一系列新型的家用电锅、电水壶等家用电器，成了闻名于世的实业家。

用自己的思想工作的人才能提出革新性的问题，工作才能有所突破。

在公司里，有些员工缺乏思考问题的能力，也缺乏解决问题的能力。他们在遇到问题时，不是去多问几个"为什么"，多提几个"怎么办"，而是逃避问题，这样的员工不仅不会受到企业的欢迎，在职场上也难以有所发展。

今天的社会，是一个充满竞争，也充满机会的社会。受大环境的影响，企业的环境也总是处于不断的变化和竞争之中。在这种残酷的环境中，每个公司必须时刻以增长为目标才能生存。但任何人都不是万能的，都有自己的弱项和局限性，单凭一个人的力量不可能把企业带上一座座高峰。所有成功的企业老板都喜欢其他的人能多给自己一些有益的建议，以弥补自身的不足，促进企业的发展。

只有在工作时多动脑筋、勤于思考，善用智慧工作的员工，才能在工作中取得出色的成绩，才会得到企业的青睐，成为最终的成功者。

第四章
宽以待人，严于律己，善于合作

▶ 欣赏他人的优点，善于合作

人是利益动物，趋利避害，名缰利锁，很难免俗。在职场中，明处摆着竞争机制，暗地里藏着微妙的人事纠葛，当成为竞争对手的时候，一个员工很难去欣赏另外一个员工，自然就会互不理睬，甚至互相拆台，不愿意与对方合作。其实，每个团队都似一个大家庭，每名成员都是这个家庭中的一员，只有看到别人的优点，才能更好地与人合作，才能让团队整齐划一，协同对外，获得共同发展的机会。

去过寺庙的人都知道，一进门，首先看到的是弥勒佛，笑脸迎客，而在他的背面，则是黑口黑脸的韦陀。佛经里有记载：相传在很久以前，他们并不在同一个寺庙里，而是分别掌管不同的寺庙。弥勒佛热情快乐，所以来的人非常多，但他什么都不在乎，丢三落四，无法好好地管理账务，所以寺庙入不敷出。而韦陀虽然管账是一把好手，但成天阴着个脸，像所有的人都"欠了他的谷子还了他糠"似的，来的人越来越少，最后香火断绝。佛祖在查香火的时候发现了这个问题，就让他们俩掌管同一个寺庙，由弥勒佛负责公关，笑迎八方客，于是香火大旺，而韦陀铁面无私，锱铢必较，就让他负责财务。两人分工合作，寺庙里出现了一派欣欣向荣的景象。

弥勒佛和韦陀性格完全不同甚至相反，竟然能配合得如此之好，值得我们学习。而在我们的工作中，我们却常常因为身边有个性格与自己迥异的同事而烦恼不已，认为他不好合作，常常生出厌恶的情绪。但是要知道，每个人都有自己的长处。在你讨厌的人身上，也有一些你不具备的优秀素质。放下成见，学会欣赏别人，说不定你们也会成为弥勒佛和韦陀这样的好搭档。在职场，要学会与人合作，这样才能充分发扬每个人的长处，形成合力，从而取得1+1>2的效果。通用电气公司一个名叫唐·琼斯的员工讲述了她第一次体会到合作带来的喜悦时的感受。

那是在我上高二的时候，那时我是学校篮球队的女篮队员。虽然我是个高二的学生，但是球打得相当不错，身高也足以成为大学篮球队的首发队员了。我有一个好朋友叫玛琳，也是高二的学生，也被选入大学篮球队，担当首发队员。

我比较擅长中远距离投球，常在10英尺外投篮，一场球打下来，我能投四五个这样的球，就因为这样，我总是在球场上成为观众注意的中心，得到大家的欢呼和掌声。但不久后，玛琳显然嫉妒我，于是有意让我得不到球。无论有多好的投篮机会，玛琳都不再将球传给我了。我不明白这是为什么，在我看来，玛琳这样做没有任何好处，因为以她的实力，她显然并不能成为球队的核心。

一天晚上，在一场激烈的比赛之后，由于玛琳在比赛中一直不给我球，我们队输了，我像以往一样都快气疯了。我和爸爸谈了很久很久，表示了我对玛琳化友为敌的愤怒。长谈之后，爸爸告诉我，他认为最好的办法就是我一得到球就传给玛琳。一得球就传给玛琳？我认为这是爸爸给我的最愚蠢的一个建议。可爸爸只说这样做一定有用，说完他就走了，把我一个人留在厨房的餐桌边自己去想。我才没费那个工夫，我知道这样做根本没用，于是就将老爸的傻建议丢在了一边。

很快就要打下一场比赛了，我决心无论有多好的机会，也不把球传给玛琳。但是当我第一次拿到球时，就听见老爸在观众席上大叫："把球传给玛琳！"我犹豫了一下，还是做出了我知道是正确的举动。虽然我也可以投球，可我看见了玛琳，将球传给了她。玛琳愣了一下，然后转身投篮，手起球落，2分！那动作简直太帅了！我突然产生了一种从未有过的感觉：为另一个人的成功而由衷地感到高兴。同时我也意识到，为什么我从来没有发现原来玛琳球打得这么好！更重要的是，我知道我们的比分领先了。赢球的感觉真好！上半场我继续同玛琳合作，一有机会就将球传给她。下半场我依然积极与玛琳配合，除非其他人投篮或由我直接投篮更好。

这场比赛我们赢了。在以后的比赛中，玛琳开始向我传球，而且也一样一有机会就传给我。我们的配合变得越来越默契，两人之间的友谊也越来越深。在那一年，我们赢了大多数比赛，当地报纸甚至专门写了一篇有关我们两人默契配合的报道，而我们两人也成了家乡小镇中的传奇人物。

这件事情教会了琼斯很多，她体会到了合作带来的双赢的奥妙。在工作中也一样，不要总把眼光停留在对自己的关注上，多看到别人身上的优点，就会激发你与别人合作的热情，这对你工作绩效的提高很有帮助。

在每一个快速成长的企业中，领导们都希望自己的员工是既能发挥自己的长处又能看到别人优点的人，而不是那种心胸狭窄，不愿意去欣赏别人的人。一个优秀的员工会在工作中学习别人身上的长处，并且会主动为同事提供帮助，使他尽快走出困境，尽快成长为公司的骨干分子。因为只有这样，大家才能配合一致，使公司加速发展。所以，在工作中，要学会欣赏他人，善于与人合作，必要的时候不要吝啬伸出援助之手。

▶ 小事不做，大事难成

优秀的职场人士都明白"小事不做，大事难成"的道理。从他们踏入职场之初，他们就用这一点来要求自己，从现在做起，从基层做起，从身边的小事做起，以获得将来的成功。

很多人都有成就大事的梦想，但是想成就大事，就要严格要求自己从身边的小事做起，不要好高骛远，忽略平时的积累。那些登上事业巅峰的人其实也是从一件件小事做起的。

美国肯尼迪总统在其就职典礼的检阅仪式中，注意到海岸警卫队士官中没有一个黑人，便当场派人进行调查；他在就任总统后的第一个春天发现白宫的草坪长出了蟋蟀草，便亲自告诉园丁把它除掉；他发现美国陆军特种部队取消了绿色贝雷帽，便下令予以恢复；尤其使人感到意外的是，肯尼迪在就任总统后不久举行的一次记者招待会上，竟然胸有成竹地回答了关于美国从古巴进口1200万美元糖的问题，而这件事只是在此前有关部门一份报告的末尾部分才第一次提到过。身为总统，肯尼迪巨细都抓的风格非但没有被美国人指责，反倒使自己的形象更加丰满。

而富兰克林·罗斯福总统则是凭借惊人的记忆力来记住诸多小事的。

第二次世界大战中，有一条船在苏格兰附近沉没，沉没的原因是鱼雷袭击还是触礁，一直没有结论。罗斯福认为触礁的可能性更大，为了支持这种立论，他滔滔不绝地背诵出当地海岸涨潮的具体高度以及礁石在水下的确切深度和位置。这令许多人佩服不已。罗斯福更拿手的绝活是，只要有人在一张只有符号标志而没有说明文字的美国地图上随意画一条线，他就能够按顺序说出这条线上有哪几个县。

在公众的眼中，一个关注小事的总统，必定能时刻将民众和国家的利益装在心里。老百姓可能不会去关心一个国家未来发展的宏伟规划，但他们会注意到一个国家代言人是否在细节和小事上下工夫。其实，这也并非没有道理，试想，总统连全国每个县的县名和地理位置、不为人知的建议乃至白宫草坪上的蟋蟀草都注意到了，还会有什么东西落在总统的视野之外呢？

不要小看做小事，不要讨厌做小事。用小事堆砌起来的事业大厦才是坚固的，用小事堆砌起来的工作长城才是牢靠的。

做一个优秀的员工，不仅要作出漂亮的业绩，还要有一个稳重踏实的工作态度。要知道，大量的工作都是一些琐碎的、繁杂的、细小的事务的重复，这些事做成了，做好了，可能并不见有多大成就，而一旦做坏了，就可能会影响其他工作，把一件大事弄垮。我们要在工作中为自己树立一个较高的标准，培养自己关注小事、做好小事的工作作风。

▶ 永远不犯说谎的错误

诚信是一个优秀员工必不可少的素质。在职场中，我们经常看到有一些能力非常出色的员工，却因为缺乏诚信的道德品质而在职场中遭受冷遇。因此，要想成为一名优秀的员工，必须严于律己，培养较好的道德品质。每一个员工都应该明白：诚信，可能亏掉的只是一时的金钱，赚下的却是一生的信誉，而信誉是一个人最大的财富。

有一次，柯达在厦门港进口一批大轴，刚好那一批货属于自查的范围，被放行。货运回后，柯达的员工罗斯打开一看，比申报的数量多出4卷，也就是少报了300万元人民币的关税。罗斯二话没说就把箱子锁上，去海关补办手续，直到海关说可以打开用了，才重新启封。此后，柯达公司对事情的缘由进行了调查，最后如实告知海关："是船务公司在中转的时候把数字弄错了，应该是12卷，却登记成了8卷。"

经办这件事的海关官员惊讶地说："在海关工作了这么久，我从来没有碰见过这样的事情。"而罗斯说："我们公司的信念就是信者无悔。"

正是柯达员工的这种诚信，为柯达赢得了客户的忠诚，为柯达树立了品牌形象。

香港著名实业家李嘉诚先生曾经就自己多年经营长江实业的经验总结道："做事先做人，一个人无论成就多大的事业，人品永远是第一位的，而人品的要素就是诚信。"

事实上，诚信是一种长期投资。长期遵守诚信的原则，能建立和维护企业的信誉、品牌，而企业也才有可能得到可持续的发展。对于真正理解诚信的价值的企业和个人而言，诚信价值观必然会成为他们坚守忠诚的重要保障。

北京某服装公司的一个采购员到广东订购一批价值35万元的面料。当他把样品带回北京后，发现面料有拉丝的现象，没有达到质量要求，于是立即要求取消订货。广东这家公司的销售员立刻找到董事长，说明了此事，他说："我把不好的面料发给他们，我已经向对方道歉了，而且我已经同意取消这次订货。"

董事长听说一下损失35万元，非常生气，大骂这个销售员太不负责任。董事长说："你为什么取消？他已经将面料带回去了，这说明责任在他，我们没有责任。损失35万，这不是一个小数目。难道这些钱你能偿还吗？况且你应该和我商量一下，这么大的事情，你自己就做主了？"这个销售员被骂得难受极了，但是他认为他没有做错，于是据理力争："我作为一个人，应该讲诚信。我们一直在合作中，虽然对方有责任，但是我更有责任，我不能因为自己的失误就无视对方的损失。我虽然没有那么多的钱，但我可以先赔偿10万，其余的在我以后的工资中扣除。同时，我觉得作为一个公司也应该讲诚信，这样才能获得客户的认可。"

董事长终于被销售员说服了，并且没有追究他的责任。结果这家服装公司因此赢得了信誉，赢得了更多的客户。如今，该公司生意兴隆，财源滚滚。

在企业内要以诚信为宗旨，面对客户，我们最需要的也是诚信。一个人具备了诚信的品质后，就为自己奠定了强大的亲和力基础，会吸引一大批朋友和支持者。纵然在某些时刻会遭遇一些困境，也会有人为他扫除障碍，帮他走出困境，踏上坦途。所以，我们要将诚信的品质当做事业的资本，把"诚信"一词落实到自己的行动之中。

▶ 大局面前，学会让路

做一个优秀的员工，需要培养自己顾全大局、牺牲"小我"保全"大家"的奉献精神。在大局面前，人人都要学会让路，保全公司的利益，就是保全自己的利益。

"在大局面前，人人学会让路"，也就是在大局利益和整体战略面前，要学会暂时将个人甚至小团体的利益和困难放在一边，想尽一切办法为大局服务。

　　解放战争时期，国民党由全面进攻转入重点进攻后，华东、陕北两解放区的战场局势一度十分紧张。毛主席全面分析形势，做了让中原野战军突破黄河、千里挺进大别山、实行战略反攻的英明决策。这是一项艰巨而又危险的任务。因为十万大军离开根据地，没有任何后勤支援，长距离奔袭作战，随时都有被敌人打散、包围的可能，而且会遇到许多意想不到的困难。当时，部队中有些议论。首长亲自出面做工作，要求全体官兵以大局为重，义无反顾地挑起这副重担，尽可能地将敌人吸引过来，以减轻陕北和山东战场的友军压力。刘伯承司令员形象地说，我们中原野战军以一个人扭住三个敌人，就可以使兄弟野战军用三个人去打一个敌人。

　　部队进入大别山后，生活艰苦，病号增加，减员很多，而且没有了像过去那样大量歼敌，靠缴获补充给养的机会，一些指战员感到吃了亏。对此，刘伯承在大会上公开批评："打仗有的吃肉，有的啃骨头。过去山东啃骨头，我们冀鲁豫就吃肉，这次我们也啃一次骨头，就好像我们输不起一样。这是什么思想方法？"政委邓小平也多次表示，为了夺取全国胜利，不论付出多大的牺牲，就是将中原野战军都打光了，也在所不惜。正是因为部队首长有这种顾全大局、勇挑重担的思想，中原野战军才出色地完成了中央军委分配的任务，从而使全国的战局得到了很大改观。后来，毛主席多次提到，解放战争时期，如果没有中原野战军的南下，东北、西北、华北的胜利是不可思议的。

　　在团队中，有人当主角，有人当配角；有人打前线，有人守后方；有人当主力，有人当侧翼；有人吃肉喝汤，有人啃骨头。这也就是说，在大局面前，团队要精诚合作，就得有一部分人作出妥协与牺牲。

　　可以说，很多组织的执行力低下，在相当程度上就是由于强调"小团体"，太过注重个人得失而导致的。一个强调个人利益的组织，怎么能够战胜人人都甘于奉献的优秀组织呢？

　　执行中，谁都难免会有自己的想法，担心自己的利益，挂念自己的前途，但为了大局，必须学会让路，只有为大局让路，保全了大局的利益，个人利益才能得到保障。

第五部分

优秀执行者的工具箱

第一章
自我管理的五个妙招

▶ 有效执行的七个习惯

作为一名优秀的执行者，应当培养以下7种习惯，这对于责任的有效落实起到了至关重要的作用。

一、自助者天助

正所谓，天助自助者，老天是不会帮助那些每天祈求让它帮助的人的，而是帮助凭借自己的努力来达到目标的人。

二、全力以赴工作

一个是"尽力而为"，一个是"全力以赴"，这是两个成语，也是两个来自不同精神层面的概念。如果在工作中能做到"全力以赴"，而不是"尽力而为"，那么结果将会超出预期的执行效率和结果。

三、净化心灵，充满激情

工作中有时会遇到让我们闷闷不乐的事情，想积极起来总是做不到，这就需要我们拥有充满活力、积极、有激情的人生态度，不断树立有思想、有追求、有理想、有道德观的工作目标。那些成功者及其成功的思想、理念、方法就是我们的活力之源。

四、人道天然

"人"为本，如一棵树的"干"，"道"为根，即这棵树的根，"天"为时，即天时、天理，"根"有多深，"干"就有多茂盛，即得天时则自然发达。和那些"把戏"、"术"相比，"道"才是真正的永恒。所谓"道"就是让员工与领导者的价值观相一致，这样员工就会与领导者同生死，不会畏惧什么困难和危险，表现出崇高的献身精神。木桶原理中盛水的多少固然取决于最短的木板，但铁箍对构成这个木桶的所有木板形成凝聚力的大小决定了它是否是一只"漏水桶"。要想培养出有强烈团队意识和高度责任感的员工，管理者有必要"箍"好这只"水桶"。

五、勇于负责

要做一名优秀的员工应当勇于承担责任，而不是一味地阿谀奉承，为得一时的蝇头小利而无远虑。古人云："明察成败，早防而救之，塞其间，绝其源，转祸以为福，君终无忧，如此者，智臣也。"这句话包含两层含义：一是勇敢往往与任务相关，高度的责任心产生高度的勇敢；二是勇于负责的目的在于做一个优秀的自己，这样才能严格地进行自我管理。

六、终身学习

养成终身学习的习惯。许多企业向员工发出了"不换脑袋就换人"的警告，于是，"换脑袋、求生存"成了人们面临的严峻现实。更新知识结构非常必要，一个不断创新的企业需要不断创新的学习型员工，市场会淘汰滞后的企业，而企业也会淘汰落后的员工，于是学习、创新成了一个企业制胜的灵魂。

七、耐得住寂寞

古往今来，凡成就大事者，都能够耐得住寂寞。李曙光教授就经常说，搞科学研究就要耐得住寂寞、耐得住清贫，要持之以恒，要肯于投入，肯于付出毕生精力。其实，想在任何领域成就一番事业的人都是如此。如果没有对事业的执著追求，能够耐住这样的寂寞吗？反之，耐不住寂寞的人，也不能成功。

只要有心，敞开改变的大门，培养良好的责任落实习惯，学习不同的行为模式，不论你的现状如何，一定会有所收获。虽然这需要长时间下工夫，但是必定会有鼓舞人心的直接收益。

▶ PDCA：促进工作效能

PDCA循环法是在西方十分流行的一种行之有效的科学管理程序。这四个英文字母，分别代表计划（Plan）、执行（Do）、检查（Check）、修正再执行（Action）。PDCA是由美国质量专家戴明博士首先倡导的。他针对质量管理提出了这个科学的运作程序。发达国家质量管理的实践证明：PDCA循环法是一个行之有效的科学管理程序。PDCA循环法不仅是一种高效的质量管理方法，而且对于我们提高个人目的性和工作效能有很强的促进作用。

戴明博士把质量管理的全过程分为四个依序衔接的工作阶段，即计划阶段、执行阶段、检查阶段和修正再执行阶段。这四个阶段是一个首尾相接的循环过程。

在工作程序Plan、Do、Check、Action的过程中：

Plan即拟订计划，制定计划目标，制定计划做法；

Do即执行实施，并加以控制；

Check即确认或评估执行状况与目标的差距；

Action即执行结果与目标值的差距探讨，并修正再执行。

其实，这并不是一门高深的学问，只要我们能解决一个"细"字，将这四个阶段细分为八个便于操作的步骤，就能够得心应手地运用了。

PDCA 循环工作步骤表

阶段	步骤
计划阶段（P）	①设定目标 ②搜索与目标相关的信息 ③找出最佳方案 ④制定计划工作表
执行阶段（D）	⑤按计划工作表执行工作
检查阶段（C）	⑥检查执行情况
修正再执行阶段（A）	⑦对检查结果作出修正 ⑧修正后再执行

例如有一天，经理分配给你一项任务：让你对某区冷食市场进行一项市场研究调查，并写一份市场调研报告。这本是让你大显身手的机会，但你却因不知从何着手而苦恼。为什么要进行调查？怎样进行市场调查？遇到问题怎样解决？调研报告怎样写……各种各样的问题直砸得你眼冒金星，头昏脑

涨。但你若运用PDCA循环法，思路会变得非常清晰。

某区冷食市场调查实施方案：

1.Plan：制订一份周全的计划。

本阶段你要明确6个问题。这6个问题简称为5W1H。

（1）为何制订此计划？（Why？）

（2）计划的目标是什么？（What？）

（3）何处执行此计划？（Where？）

（4）何时执行此计划？（When？）

（5）何人执行此计划？（Who？）

（6）如何执行此计划？（How？）

2.Do：计划好之后，着手将项目一步一步向前推进。

3.Check：在进行市场调研过程中，一定要记得检查，看项目的推进是否按原计划进行，当中有无纰漏和出现偏差。

4.Action：针对你的检查结果确定你的行动。

如果在市场调研过程中，发现计划偏离了原来的目的，或者发现原先的计划考虑不够周全，那你就要及时调整，以确保任务的圆满完成。如果当中并无纰漏或没有出现偏差，当然是皆大欢喜，那你可以继续进行。

▶ "零一二三四五"责任自我修炼法

评价一个人责任落实的效果，只要看他工作时的精神和态度即可。如果一个人工作起来充满激情，他就能够做到精益求精和完美；如果一个人做起事来总是感到受了束缚，感到工作劳碌辛苦，没有任何乐趣可言，那他就很难把自己的责任落实到位。

要培养自己的工作乐趣和激情、有效落实责任，"零一二三四五"自我修炼法很值得我们学习和掌握。

"零"，即每天早上将思想清零，甩掉包袱，从零开始，锲而不舍。

"一"，即学会在实践中抓"一"，因为"一"代表了这个事物的本质，它决定了事物的性质，抓"一"也就是抓事物的主要矛盾。

"二"，即二维，也就是与人交往时采取的两种不同的沟通方式，朋友沟通要学会外圆内方，讲究圆滑；商业的沟通讲究直来直去。

"三"，即三维，一个人在一生中所拥有的资源财富是其胸怀的宽度（X）、思维的高度（Y）、眼界的长度（Z）三者相乘的结果，即一个人一生所拥有的资源财富＝X×Y×Z。所以，人应当在工作、学习中开阔眼界、提高认识、放大胸怀。

"四"，即成功交往的四个要素：明主、贤妻、良师、益友，尤其交友应多交"益友"，避开"损友"。俗话说："与穷人同行你即为穷人，与富人同行你即为富人。"世间万事万物虽不可绝对，但也确有一定道理，这里的穷与富不应只是以物质财富作为标准，更重要的是精神财富。

"五"，即五行，作为一种人生境界，应努力去做一个高尚的人、有道德的人、纯粹的人、脱离了低级趣味的人、有益于他人的人。

全面理解和掌握这五点，你会找到人生中不可缺少的四感：安全感、使命感、成功感、归属感。

能否竭尽全力去工作，这是决定一个人能否落实责任及事业成败的关键。只要你能够领悟通过全力工作免除工作辛劳的秘诀，你就掌握了到达成功彼岸的真理。把工作生活化，把生活艺术化，始终保持工作的兴趣和生活的乐趣，这样你就能够永远拥有健康快乐的心态，你展现给世人的就会是一个完美的自己。

▶ 设立一个"无借口月"

在工作中，有些人遇到困难就想找借口，如何克服这样的毛病呢？

一个被下属的借口搞得不胜其烦的经理在办公室贴上了这样的标语："这里是'无借口区'。"

他宣布，9月是"无借口月"，并告诉所有人："在本月，任何人在工作时只解决问题，坚决不找借口。"

这时，一个顾客打来电话抱怨该送的货迟到了，物流经理说："的确如此，货迟了。下次再也不会发生了。"随后他安抚顾客，并承诺补偿。挂断电话后，他说自己本来准备向顾客解释迟到的原因，但想到9月是"无借口月"，也就没有找理由。后来，这位顾客给公司总裁写了一封信，评价了在解决问题时得到的出色服务。他说，没有听到千篇一律的托词令他感到意外和新鲜，他赞赏公司的"无借口运动"是一个伟大的运动。

"不找借口"就是要敢于落实责任。在工作中，我们的上司通常会布置给我们一些任务，有时候这些任务并不明确，这就需要我们去把它们搞清楚，不要等到该交任务的时候才说："老板，你的任务布置得不清楚，所以很抱歉，我没能完成。"不找借口是无数商界精英秉承的理念和价值观，被众多企业奉为圭臬，它体现的是一种负责、敬业的落实精神，一种务实、主动的落实态度，一种完美、积极的落实能力。

设立一个"无借口月"，可以有效地帮助组织管理者和员工彻底摒弃借口，培养勇于负责的职业精神，让责任得到有效的落实。

▶ 四个妙招助你摆脱组织惯性

成功是一种惯性，失败也会成为一种惯性。无论掉进了哪种惯性的怪圈中，都会阻碍组织的成长。

众所周知，许多曾经辉煌的企业之所以逐渐走出了人们的视线，是因为它们不能随着时代的发展变化迅速地作出调整，总是囿于昨日的失败阴影或成功的经验中，一味恪守前人的经验，不能敏锐地把握未来的发展方向，不敢突破、不敢创新，被一种惯性束缚着，平白失掉了发展的机会，也丧失了自我成长的空间。

讲到这里，我们已经模糊地提出了"组织惯性"的说法，即思维定式和行为定式。大多数企业的成功，都归因于它们拥有独特而富有竞争力的经营管理模式。因此，在变化面前，它们的管理者们往往秉持自信，很少怀疑这一成功模式的价值，昔日的辉煌渐渐蜕变为生存道路上的羁绊。被组织惯性支配着的企业，在管理上几乎都存在着以下一些基本特征：

一、战略框架的束缚

企业的战略框架构筑了企业的经营理念和发展方向。然而，战略框架在帮助管理者认清形势和问题的同时，往往也成为迷惑管理者注意力的烟幕弹，使他们的思维和视野局限于个别问题上。

二、工作流程的陈旧

一个企业在确定了经营管理模式之后，企业成员总能在实践中摸索出它的程序，并逐渐习惯于运用这套程序解决各种问题。由于习惯所致，在实践中，管理者与员工很少会思考这些方法是否仍然有效、合理。如果企业任由组织惯性发展下去，必然会出现上下、平级沟通不畅的状况。

三、关系网的泥潭

企业的成功离不开与顾客、雇员和供应商及投资者等利益群体间的良好关系。但当环境发生变化时，企业通常会发现，拘泥于现有的关系网会阻碍其为了适应变化而开发新产品和开拓新市场。此时，企业原有的关系网便成为它发展的羁绊。

四、价值取向的陷阱

价值取向是企业生存和发展的信念与动力。然而，随着企业的成熟和竞争环境的变化，其管理者如果不思考过去的价值取向是否符合未来形势发展需要，企业将走向失败。

组织惯性对企业的破坏是潜在而危险的。一个陷于组织惯性困境中的企业要想有所突破，摆脱束缚，站在制高点上，需要在观念和行动上有所改变：第一是不能被过去的成功经验所累；第二要勇于突破，敢于创新，学会在变革中求生存、求发展。

作为一名优秀的员工，更应该在工作中勇于打破组织惯性给自己带来的不良影响，为企业增添活力，改变企业被组织惯性束缚的现状，实现自己的价值。

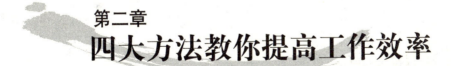

第二章
四大方法教你提高工作效率

ABC法则确定工作顺序

一天只有24小时，一天的工作时间只有8小时，如何提高这短短8小时的工作效率？其实很简单，你只需要不断问你自己："现在什么是最紧要的？"效率提升大师博恩·崔西认为：一项工作的完成，必有其顺序，而工作的顺序常能左右时间的价值及效率。一般人都忽略了工作顺序，导致失败或蒙受损失。由此可见，确定工作的优先顺序，不再是可有可无的工作。一次就判断清楚，工作起来就会轻松愉快，就不会忙乱不堪，变来变去。这就是决定优先顺序的最大价值。从现在起，你应该学会按照工作的重要性和紧迫性计划自己的一天。

一、把你的工作按照 ABC 法则分成三种类型

A型：今天必须做——重要并且紧急的工作。

B型：今天应该做——重要或紧急，但不是既重要又紧急的工作。

C型：今天可以做——既不重要也不紧急的日常工作。

二、平衡日常工作任务

合理安排每天的工作量。做到均衡安排，这样才会平衡好工作的进度。

三、考虑一项工作的优先程度

世事变幻无穷，没有任何事是处在一成不变的环境中的。同样，你的工作顺序也总是不断变化的，正如我们周围的环境也是不断变化的一样。往往一则新的信息就可能将一项工作的重要性或紧迫性完全改变。如果明天召开的会议要推迟两天进行，那么它就不再是A型的工作了。一旦得知任何影响你工作优先顺序的新信息，你就应该重新评估工作的优先顺序。

◉ 赢取时间的19个办法

在工作中，很多人总是忙得焦头烂额，叫苦不迭。总在感叹时间太少，要做的事又太多。其实，正像鲁迅说的那样："时间就像海绵里的水，挤挤总是有的。"只要掌握赢取时间的办法，工作就会变得有序高效。

1.睡前把明天要做的事在脑中想一遍。

2.每天早晨比规定时间早15分钟或半个小时开始工作，这样，你不但树立了好榜样，而且有时间在全天工作正式开始之前好好计划一下。

3.开始做一项工作前，应先把所需要的资料放在桌上，这样将避免你为寻找遗忘的东西而浪费时间。

4.利用电话、电报、信件等工具辅助你的工作，以节省时间。

5.购买各种书籍，尽可能多地吸收知识，这样可增强你的处事能力，减少时间的浪费。

6.把最困难的事放在工作效率最高的时候做，简单的小事，可在精神较差的时候处理。

7.养成将构想、概念及资料存放在档案里的习惯，在会议、讨论或重要谈话之后，立即记录下要点，以便日后查看。

8.训练速读。想想看，如果你的阅读速度提高2～3倍，那么办事效率该有多高？这并不难做到，书店及外界都有提高你速读能力的指导训练书籍。

9.不要让闲聊浪费你的时间，让那些上班时间找你东拉西扯的人知道，你很愿意和他们聊天，但应在下班以后。

10.利用空闲时间。它们应被用来处理例行工作，假如一位访问者失约了，也不要呆坐在那里等下一位，你可以顺手找些工作来做。

11.充分发挥你手提箱的功用，把文件有条不紊地排好，知道哪些东西在哪个位置上，这样可避免费时去找东西，更不会出现在与人洽谈时翻箱倒柜去查找的状况。

12.琐事缠身时，务必果断地摆脱它们。尽快把事做完，以便专心致志地处理较特殊或富有创造性的工作。口述时，只述重点，其余就让秘书或助手来替你做，只要使他们知道你期待他们做什么事就可以了。

13.管制你的电话。电话虽然不可缺少，但如果完全被你太太或朋友占用了，那它就失去了在你办公室里的作用。还有，在拿起电话前，先准备好每件要用的东西，如纸、笔、姓名、号码及预定话题、备用文件等。

14.该做的事都放在桌上，以免遗漏。

15.晚上看报。除了业务上的需要外，尽可能在晚上看报，而将白天的宝贵时光用在读信、看文件或思考业务状况上，这将使你每天工作更加顺利。

16.开会时间最好选择在午餐或下班以前，这样你将发现每个人都会很快地作出决定。

17.当你遇到一个健谈的人来访时，最好站着接待他，这样他就会打开天窗说亮话，很快就道出来意了。

18.工作间隙来杯咖啡、茶或冷饮，甚至只要站在窗前伸个懒腰，也能够使你精神抖擞。

19.沉思。每天花片刻时间思索一下你的工作，可找到更多改进工作的方法。

▶ 日常备忘录网住"漏网之鱼"

"好记性不如烂笔头"，如果能将工作中的一些事，特别是重要的事，用备忘录记下来，那就不用担心遗忘了，就能保证及时有效地去执行。

宝洁公司的法宝之一就是它的备忘录制度。正是严格的备忘录制度保证了宝洁员工的工作效率和高效的执行能力，从而推动了企业整体执行力的提高。

在宝洁，公司绝不从外面找"空降部队"，而是采取百分之百的内部提拔政策，因此内部的培养制度非常重要。他们非常重视训练员工解决问题、设定顺序、采取行动、追踪质量以及领导、合作的能力。公司随时都提供各种课程和研讨会，来帮助员工提高自身的能力。在宝洁的训练制度中，备忘录这项做法是出了名的。员工必须养成一种习惯，清楚、简单地把信息呈给上司。

宝洁的备忘录一般分为两类：信息备忘录和建议备忘录。

信息备忘录内容包括研究分析、现状报告、销售与市场份额汇总及竞争力分析。

建议备忘录则是一种说服性的文件，重点包括：建议目的、背景信息、建议方案以及背后的逻辑讨论和下一步的做法。建议备忘录非常重要，那些希望晋升的品牌管理员工必须掌握建议备忘录的撰写技能。

备忘录大多不会超过4页。品牌管理人员如果想升迁，必须先学会写备忘录。在宝洁，备忘录的写作甚至被当做一种训练的工具。对资历较浅的人员来说，一个备忘录重写十几次是常有的事；成为品牌经理后，一个备忘录仍有可能被要求重写五六次。凭借不断地重写备忘录，宝洁希望能够训练员工更加周密地思考问题的能力。

宝洁公司"一页备忘录"的结构如下：

1. 相关信息（发自谁、发给谁、转交给谁、日期）。

2. 标题。

3. 一句话总结备忘录的主要内容。

4. 3～4行总结备忘录的主要内容。

5. 相关背景资料介绍（2～3行）。

6. 备忘录内容（建议、意见、工作总结、信息共享等）。

7. 主要缘由、总结、工作计划等。

8. 下一步任务。

9. 签名。

宝洁公司通过备忘录系统建立了一个强大的执行体系，就像宝洁CEO雷富礼曾经说过的，"我们所有的高级管理人员都从内部提拔，但如果你想要升迁，最好先学会写备忘录"。

学会使用"日常备忘录"吧，坚持这个好习惯，因为它能帮你在落实责任过程中用最短的时间去提高执行效率，为你的成功提供有力的保障。

▶ 让你的工作系统化——用奥卡姆剃刀剃去"旁枝末节"

公元14世纪前期，从法国的一所监狱中逃出一个叫威廉的囚犯，他出生于英国奥卡姆，人们叫他"奥卡姆的威廉"。他是一位很有学问的天主教教士，人称"驳不倒的博士"。

那时，欧洲正处在黑暗的中世纪，一个犯人越狱算不了什么大事，可是这个人非比寻常，他曾在巴黎大学和牛津大学学习过，他知识渊博、能言善辩。

由于威廉发表的言论有许多与当时的罗马教廷不和，因此被囚禁在法国的监狱。在狱中过了四五年，他找到机会逃了出来，跑到巴伐利亚，去找那里的贵族，他给贵族们讲了一句很有名的话："你用剑保护我，我用笔保护你。"于是，正在和教廷闹别扭的贵族立刻收留了他。

随后他著书立说，声名远扬。他当时非常厌倦"共相"、"本质"之类的争吵，他主张唯名论，只承认确实存在的东西，认为那些空洞无物的普遍性概念都是无用的累赘，应当被无情地"剔除"。

这也就是他所谓的"思维经济原则"，概括起来就是"如无必要，勿增实体"，即人们常说的"奥卡姆剃刀"。

奥卡姆博士主张尽可能地简化工作。然而，把事情变复杂很简单，把事情变简单很复杂。人们在处理事情时，要把握事情的本质，把握主流，这是简化问题的关键。尤其要顺应自然，不要把事情人为地复杂化，这样才能围绕自己的主要目的更高效地做事。

学会简单思维，用奥卡姆剃刀把一些旁枝末节剃掉，才能看到问题的重心，并一步步将它解决，从而减轻工作的压力，让工作变得更加轻松高效。

附：时间管理游戏

形式：个人完成。

177

时间：10分钟。

材料：两个储物桶、若干水果。

场地：教室。

应用：

（1）了解时间管理的重要性。

（2）了解时间管理的正确方法。

目的：

（1）说明时间管理的方式不同可能导致不同的结果。

（2）启发学员在工作中对有限的时间进行合理的分配，以取得最大的工作成绩。

程序：

（1）桌上有一个装了半桶小豆子的储物箱及若干水果。这些水果分别代表幸福、金钱、大客户、机遇、爱情、伴侣、旅游、朋友、升职机会、主要目标、名誉、良好的人际关系、成就感、生命、快乐、目标、地位、别人的认可，等等。

（2）请一位学员上台，让他把水果尽可能多地放入箱内，并能把箱盖儿盖好。

（3）当桌上还有几个水果时，箱子已经装满，使这几个水果无法放进去。

（4）这时，我们再选用另外一种方法：先将水果全部放入箱内，再将小豆子倒入。这时，全部的水果和小豆子就都被放进了箱内。

讨论：

（1）为什么开始的时候我们无法把水果全部放入箱内？

（2）当我们尝试另外一种做法时，为什么可以把全部水果都放进去呢？这让我们想到了什么？

总结与评估：

（1）让大家想到箱内的物品就代表了我们的时间，如果大家让一些小事情填满了自己的时间，那么我们就没有足够的时间去做大的事情了。

（2）如果我们合理地安排时间，先处理重要的事情，再把琐碎的事情穿插其中，那么就可以最大限度地利用时间了。

第三章
掌握五个要诀助你更好地实现目标

➤ 做到要事第一的四个关键

员工在工作中如何提高自己的工作效能，做到要事第一呢？

一、明确公司目标

要做到要事第一，首先要明确公司的发展目标，站在全局的高度思考问题，这样可避免重复作业，减少犯错误的机会。

我们在工作中，必须理清的问题包括：我现在的工作必须作出哪些改变？我应该从何处入手？为了避免影响目标的实现，有哪些可用的工具与资源？

二、找出正确的事

要实现要事第一，第二个关键就是要根据公司的发展目标找出正确的事。

工作的过程就是解决问题的过程。有时候，一个问题会摆到你的办公桌上让你去解决。问题本身已经相当清楚，解决问题的办法也很清楚。但是，不管你想先从哪个地方入手，正确的工作方法只能是：在此之前，确保自己正在解决的是正确的问题——很有可能它并不是先前交给你的那个问题。搞清楚交给你的问题是不是真正的问题，唯一的办法就是更深入地挖掘和收集事实，多看，多听，多想，用不了多久，你就能搞清楚自己走的方向到底对不对。

三、保持高度责任感

要做到要事第一，在工作中要时刻保持高度的责任感，自觉地把自己的工作和公司的目标结合起来，对公司负责，也对自己负责，然后，发挥自己的能动性，去推进公司发展目标的实现。

四、学会说"不"

要做到要事第一就要学会拒绝，不让额外的要求扰乱自己的工作进度。

拒绝的技巧是非常重要的职场沟通能力。在决定你该不该答应对方的要求时，应该先问问自己："我想要做什么？不想要做什么？什么对我才是最好的？"在做决定时我们必须考虑：如果答应了对方的要求是否会影响既有的工作进度，是否会因为我们的拖延而影响到其他人？而如果答应了，是否真的可以达到对方的要求？

▷ 善用信息过滤器

世界每时每刻产生的新信息充斥于每一个角落。据美国某研究机构的统计，全世界仅一天之内正式发表的论文，如果要一个人全部看完（假如能将其全部看懂），大概要1100年！然而，在这庞大的信息流里，真正对你有用、有价值的信息其实为数很少，以至于许多企业家感慨："资料太多，资讯太少！"由此可见，我们要在信息社会达到自己的目的，不仅要懂得占有信息，还要懂得让你手头掌握的信息变得有意义，能够为己所用。

在了解信息过滤器之前，我们先来介绍占有信息的四种主要方法。

一、阅读法

通过快速阅读图书、报刊等获取信息。运用此法重在一个"快"字，在阅读时不要考虑其他事情，尽可能多接触相关的资料。

二、捕捉法

利用电视、广播、网络，甚至电话、会议等渠道来捕捉信息。运用此法要注意保持客观的态度，聚精会神地听，了解说话者的意思，把握其意图。

三、调查法

从各项社会调查中收集信息，要掌握调查方法，进行缜密的调查。一些全球知名的公司如美国电话电报公司、杜邦、IBM等都非常喜欢到最佳作业典范企业进行现场调查。他们的理由是可以得到更为真实的第一手材料。

四、交换法

用你自己所拥有的信息与别人进行交换，以获取对方的信息。有人说："你拿一个苹果与别人交换苹果，你只得到一个苹果。但你拿一条信息与别人交换信息，那你就得到两条信息。"

但是，如果我们只会占有信息，而不将无用、无效的信息过滤掉，那么我们将被淹没在信息的洪流中，永远都无法实现自己的目标。未经过滤的信息犹如"消火栓中喷出来的水"，即不纯净又不甘甜。要想"喝到甜美的纯净水"，就该使用"信息过滤器"。在使用"信息过滤器"时，我们应注意按照以下的顺序将大量的信息一层层过滤。

依照信息过滤器，我们可以筛去一些无关的信息，将自己的精力集中在主要目标上。

▶ 把握复命中的五个关键问题

要想让任何执行都得到一个良好的结果，就需要我们员工把握复命过程中的五个关键点，只有这样，才能做到及时复命、有效复命，更好地执行到位。

一、要明确你该做什么

很多员工的表现是，除非领导明确地给他布置任务，平时不知道自己该干点什么，处于一种等、靠、要的状态，也就是人们常说的"眼里没有活"。这是一种极其被动的状态，是等人使唤的心态。为什么不自己主动复命呢？怎样才能知道你该做什么，可从以下内容中找出来：

1.公司目标。

2.部门计划、任务。

3.参与的项目。

4.岗位职责。

5.上级布置的任务。

6.会议决策。

7.协作的工作。

从企业的目标和部门的计划中，你可以知道，公司想达到怎样的目标。而从你参与的项目和你的岗位职责中，你可以得出如何帮助企业达到目标的方法。你可以去做上级布置的工作，你也可以主动去协助他人做符合会议决策的工作。

二、了解复命的含义

1.复命，首先是针对一个目标、计划、项目或者事件等事先已经明确了的具体任务，泛泛地说"工作取得了一定的进展"，那不是复命，而是对领导给你的某个任务的完成、回复。

2.复命一定要出结果。完成情况和程度是必须能够用百分比来描述的，而不是对做事过程的描述。在这里，只看功劳，不问苦劳。

3.一定是在限定的时间内来复命，迟了，没有意义。

4.复命，带上问题来的同时一定要带上处理建议、解决方案。复命者应该且必须对他手头负责的进行了一段时间的工作最清楚、最有发言权，别人谁也不会比他更清楚。他不带解决方案，就是最大的失职，说明他在这个岗位上已经没有存在的必要了。

三、掌握复命的原则

1.复命一定是按事情的轻重缓急分类做的。高效的复命者能够分清事情的轻重缓急，按事情的优先级，做到主次有序，抓住并抓紧最重要的事情，一抓到底，毫不放松，直至完成。这样，即使次要的事没有做完，甚至没有来得及去做，但完成了最重要的工作，也是富有成效的。忙得昏天黑地，到复命时只做了一些无关痛痒的琐碎小事，无法为公司带来任何效益，这样的复命是最糟糕的。

2.复命一定是按流程去做的。按照公司制定的流程，全面分析，系统推进，由表及里，由浅入深，直至完成。

3.复命一定是追求高效能的。复命可以分为以下几种状态：

办了，不了了之——必须淘汰的复命。

办了，没有按时办完，延误了工作——无效的复命。

办了，按时办完了——有效率，及格的复命。

办了，很快办完且效果不错——有效果，良好的复命。

办了，办得又快又好，又创造了更多效益——有效能，高效的复命。

每个企业都会提倡高效能的复命，并且积极奖励那些具有高效复命精神、复命能力的员工，因为他们具有最大的成长潜力。

四、如何才能有效复命

向上级复命，不是简单的见面，而是要有所准备，即思路上的准备、内容上的准备和方法上的准备。以下几点应值得注意：

1.见面前，必须让上级感到与你有见面的必要。

2.必须高度重视沟通技巧，如果在复命言辞上有缺陷，过于冗长或艰涩，或易于产生误会，就很难引起上级对你的兴趣，甚至引起反感。

3.选择汇报一个比较重要的成果，并提前做一些准备。

4.为上级提供建设性、启发性的建议，让他感到大有收获，并根据你的复命汇报及时调整战略构想。

5.坦率直言的态度更能赢得上级的信任，因为他身边有许多溜须拍马之徒。

6.了解上级最喜欢的沟通方式，如交谈、举证、引经据典等。

五、复命一定要有检查系统

1.要实现高效复命，一定要有检查系统。明确检查人，检查人也是责任人。检查人对他检查的复命项目必须有连带责任，这样才能够增强责任心，否则，检查就会流于形式。

2.把复命内容写下来。美国宝洁公司提倡"书写的力量"，凡是涉及复命的内容，一定要有书面的东西，尤其是复命要求的结果、时间、地点、责任人、检查人等一定要写清楚，可以对账，不能抵赖，不能推脱。这样，人人往前，不敢落后，从而实现高效复命。

检查后要及时发出催促，并且记录在案，更要让复命者知道检查结果已经记录在案。如果催促无效，检查者要及时上报，绝不能听之任之，一任公司的计划、目标往后推迟，要采取果断的措施。

◉ VSAFE快速决策法

如果必须及时、快速地作出决策，你可以采用快速决策的VSAFE法。为此，你要快速评估每种方案的实际效果，以及它们将怎样影响主要工作的测评标准。另外，你要考虑方案的适用性和是否容易被别人接受。最后，考察方案的可行性和长期性。

VSAFE是指：

价值（Valuable）：考察方案对目标的贡献；

合适（Suitable）：考察方案是否与策略吻合；

认可（Acceptable）：考察方案是否确实可接受；

可行（Feasible）：考察方案是否成功；

持久（Eternal）：考察方案是否符合长期利益。

例如，这个月，领导给你下达一道命令，让你这个月完成销售额10万元。收到这条命令后，你一边拼命与旧客户联系订单，一边努力发展新的客户。但是选择哪种新客户却成为你前进路上的拦路虎。那么让我们依据"VSAFE快速决策法"来帮助你迅速选择新的客户。

价值：能否增加本月的销售额。

合适：是否符合你建立商业伙伴的全面商业战略。

认可：该客户是否已经被认可且同行的公司已经接受该客户。

可行：向该客户供货是否方便。

持久：是否有必要根据本公司的产品做进一步的调整。

如果你不能从VSAFE快速决策法五个标准中获得正面的答案，就应当尽快制订一个方案或者修改现行的方案。

◉ 掌握沟通法宝，合作打通落实执行经络

沟通对于整个团队工作效能的提升十分重要。如果员工之间沟通不畅，

就会造成内耗，并处于一种无序和不协调的状态之中，所以，我们要实现合作关系，就必须学会有效沟通，保证责任的落实。

一、谈论别人感兴趣的话题

一个高效能的人士应当具备出色的沟通能力，为此，他必须是一个"话题高手"，善于谈论他人感兴趣的话题。

所以，如果我们想在沟通中更好地影响他人，就应当养成谈论他人感兴趣的话题这个好习惯。

二、最好面对面沟通

面对面沟通是最亲切、最有效的交流方式。通过面对面的交流，你可以直接感受到对方的心理变化，在第一时间正确地了解对方的真实想法，从而达到快速有效沟通的目的。因此，每一位优秀的执行者都应该学会面对面与别人交流的习惯。

一般人在与人面对面沟通时，常常强调讲话内容，却忽视了声音和肢体语言的重要性。其实，沟通便是要努力和对方达成一致以及进入别人的频道，也就是你的声音和肢体语言要让对方感觉到你所讲的和所想的十分一致，否则对方就无法收到正确的讯息。

三、提高沟通能力的 4 个步骤

1.明确沟通对象

明确沟通对象的目的是清楚自己的沟通范围和对象，以便全面地提高自己的沟通能力。

2.改善沟通状况

明确沟通对象之后，可以问自己下面几个问题，了解自己该从哪些方面去改善自己。

对哪些情境的沟通感到愉快？

对哪些情境的沟通感到有心理压力？

最愿意与谁保持沟通？

最不喜欢与谁沟通？

是否经常与多数人保持愉快的沟通？

是否常感到自己的意思没有说清楚？

是否常误解别人，事后才发觉自己错了？

是否与朋友保持经常性联系？

是否经常懒得给人写信或打电话？

……

客观、认真地回答上述问题，有助于你了解自己在哪些情境中、与哪些人的沟通状况较为理想，在哪些情境中、与哪些人的沟通需要着力改善。

3.优化沟通方式

在这一步中，我们可以通过下面几个问题看一看自己的沟通方式存在哪些需要改善的地方。

通常情况下，自己是主动与别人沟通还是被动沟通？

在与别人沟通时，自己的注意力是否集中？

在表达自己的意图时，信息是否充分？

主动沟通者与被动沟通者的沟通状况往往有明显差异。研究表明，主动沟通者更容易与别人建立并维持广泛的人际关系，更可能在人际交往中获得成功。

4.控制自己的计划

总结上述经验，作出一个循序渐进的沟通计划，然后付诸行动。比如，你认为可以规定自己每周与两个素不相识的人打招呼，具体如问路、说说天气等。不必害羞，没有人会取笑你的主动，相反，对方可能还会欣赏你的勇气呢！

最后，我们在执行计划时要对自己充满信心，相信自己能够成功。一个人能够做的，比他已经做的和相信自己能够做的要多得多。

第四章
快乐宝典：做快乐的执行者

◆ 保持平衡心态的21个要诀

在工作中，要学会自我调整，及时放松自己，保持心理的平衡和宁静。心胸要开阔，遇事要冷静。理智、合理地安排工作和生活，制定切合实际的个人奋斗目标，正确处理人际关系，这样才能一步一步走向成功。

1.对自己不苛求

每个人都有自己的目标，有些人把目标定得太高，根本实现不了，于是终日郁郁寡欢，这实际上是自寻烦恼；有些人对自己所做的事情要求十全十美，有时近乎苛刻，往往因为一点小的瑕疵而自责。为了避免挫折感，应该把目标和要求定在自己的能力范围之内，懂得欣赏自己已取得的成就，心情自然就会舒畅。

2.适时放弃

我们时刻都在取与舍中选择，我们又总是渴望着取，渴望着占有，常常忽略了舍，忽略了占有的反面——放弃。懂得了放弃的真意，也就理解了"失之东隅，收之桑榆"的妙谛。

3.学会自嘲

自嘲是一种特殊的人生态度，它带有强烈的个性化色彩。自嘲作为生活的艺术，它具有干预生活和调整自己的功能。它不但能给人增添快乐，减少烦恼，还能帮助人更清楚地认识真实的自己，战胜自卑的心态，应付他人的评价带来的压力，摆脱心中的失落和不平衡，获得精神上的满足和成功。

4.多舍少求

俗话说"知足者常乐"，老是抱怨自己吃亏的人，的确很难快乐起来。多奉献少索取的人，总是心胸坦荡，笑口常开。整天与别人计较工资、奖金、提成、隐性收入的人心理怎么会平衡？只有顺其自然、多舍少求的人心情才比较稳定。

5.对亲人期望不要过高

妻子盼望丈夫飞黄腾达，父母希望儿女成龙成凤，这是人之常情。然而，当对方不能满足自己的期望时，也不要大失所望，每个人都有自己的生活道路，何必要求别人迎合自己？

6.暂离困境

在现实中，受到挫折时，应该暂时将烦恼放下，去做你喜欢做的事，如打球、读书等，待心境平和后，再重新面对自己的难题，思考解决的办法。

7.当机立断

悬而未决的事情绝不会自行解决，相反只能让人更多地处于不安状态，所以在遇到悬而未决的事情时，要学会当机立断。

8.寻找港湾

你需要一间自己的房间。房间不要堆太多东西，只在四周放些自己喜爱的东西，如一张对你很重要的画，一束香气四溢的鲜花。

9.时刻保持积极心态

你是自己命运的创造者，推卸责任不仅毫无用处，而且还会削弱你的自信，必须停止自己是牺牲品的想法。

10.减少刺激

不需要知道一切，相信已得到自己需要的信息；也不必参加肤浅的谈话，只需对与自己有关和感兴趣的问题发表看法。

11.每天沉思

沉思能带来力量和心灵的平静，每天至少有10分钟不被打扰，最好是没有任何依靠，背挺直坐着，闭眼，深呼吸。

12.寻找自信

你是有才能的，只是很少得到欣赏，也可能连你自己也低估了自己的长处和才能，但你必须将至少一种能力变为业余爱好，如书法、绘画等。

13.自我发泄

你有权发火，被压下的怒气往往使人变得抑郁、消沉和听天由命，自我发泄可以减轻你内心的压抑感。

14.享受生活

每天享受一些好的东西，在别人欣赏你的同时，你也会越来越懂得自我欣赏。

15.回归自然

人是自然的一部分，亲近自然，你会感觉到人只是渺小的一部分，所谓的得失也没有那么重要了。自然是能使人获得安慰和解脱的伟大力量。

16.献出爱心

在对他人做了友爱的举动时，也就是在为自己内心的心理平衡做事情。

17.适当让步

处理工作和生活中的一些问题，只要大前提不受影响，在非原则问题方面无须过分坚持，这样可以减少自己的烦恼。

18.对人表示善意

生活中被人排斥常常是因为别人有戒心。如果在适当的时候表示自己的善意，诚挚地谈谈友情，伸出友谊之手，自然就会朋友多、隔阂少，心境自然会变得平静。

19.找人倾诉烦恼

生活中有烦恼是常事，把所有的烦恼都闷在心里，只会令人抑郁苦闷，有害身心健康。如果把内心的烦恼向知己好友倾诉，心情会顿感舒畅。

20.帮助别人做事

助人为快乐之本，帮助别人不仅可使自己忘却烦恼，而且可以体现自己存在的价值，更可以获得珍贵的友谊和快乐。

21.积极娱乐

生活中适当娱乐，不但能调节情绪，缓解压力，还能增长新的知识和乐趣。

任何一位成大事者在厄运来临的时候，总是保持一种平衡的心态，不会因为前面的路被堵死而无计可施，因为他们深信自己的力量能战胜一切困难，前面的路被堵死，他们会积蓄全部的力量，努力寻找另外一条路。

▶ 拥有乐观心态的9种方法

具有乐观、豁达性格的人，无论在什么时候都会感到光明、美丽和快乐的生活就在身边，他们眼睛里流露出来的光彩使这个世界更加美丽。

具有乐观心态的人，其特点是把眼光盯在未来的希望上，把烦恼抛在脑后。培养乐观、豁达的心态将会使你获益一生，那么，乐观心态该如何培养呢？

1.凡事往好的方向想

有时，人们变得焦躁不安是由于碰到自己无法控制的局面。此时，你应承认现实，然后设法创造条件，使之向着有利的方向转化。此外，还可以把思路转到别的事情上，诸如回忆一段令人愉快的往事。

2.不要太挑剔

大凡乐观的人往往是心胸宽广的人，而愁容满面的人，又总是那些不够宽容的人。他们看不惯社会上的一切，希望人世间的一切都符合自己的理想模式，这才感到顺心。他们常给自己戴上是非分明的桂冠，其实是在消极地干涉他人。怨恨、挑剔、干涉是心理软弱、"老化"的表现。

3.学会适时屈服

当人们受到重创时，往往会变得浮躁、悲观。但是，浮躁、悲观是无济于事的，不如冷静地承认发生的一切，放弃生活中已成为你负担的东西，终止不能取得成绩的活动，并重新设计自己的生活。大丈夫能屈能伸，只要不是原则问题，不必过分固执。

4.学会体悟自己的幸福

有些想不开的人，在烦恼袭来时，总觉得自己是天底下最不幸的人，谁都比自己强。其实，事情并不完全是这样，也许你在某方面是不幸的，在其他方面依然是很幸运的。请记住一句风趣的话："我在遇到没有双足的人之前，一直为自己没有鞋而感到不幸。"生活就是爱捉弄人，但又充满着幽默，想到这些，你也许会感到轻松和愉快。

5.要有一颗快乐的心

快乐的人身边总是不乏家人和朋友，他们不关心自己是否能跟得上富有的邻居的脚步，最重要的是，他们有一颗快乐的心。正如《真正的快乐》的作者塞利格曼所说，快乐的人很少感到孤单。他们追求个人成长和与别人建立亲密关系；他们以自己的标准来衡量自己，从来不管别人做什么或拥有什么。快乐的人以家人、朋友为中心，而那些不快乐的人经常会冷落这些，在这个时候他们就会倍感孤单。

6.学会微笑

微笑是世界上最美的表情。面对一个微笑着的人，你会感觉到他的自信、友好，同时这种自信和友好也会感染你。正如英国谚语所说："一副好的面孔就是一封介绍信。"微笑，将为你打开通向友谊的大门，发展良好的人际关系。

7.将令你情绪低沉的想法甩到一边

如果你因生活出现某些麻烦而无法专心工作时，不必和他人商议，那会使你更痛苦。当低沉的情绪进入你的脑内时，立即想其他的事。

8.拥有感激的心情

感激的心情与乐观心态也有很大关系。心理学研究显示，把自己感激的事物说出来和写出来能够扩大一个成年人的快乐。感激自己健康地活着，感激自己是自由的，感激自己还有一个美好的未来，感激过去他人赠与你的一切。

9.与乐观者为伍

尽可能选择具有积极氛围的环境，选择积极乐观的朋友，避免受到不良情绪的感染，这是拥有乐观心态的一个重要方法。

▶ 30种使你更快乐的方式

你今天快乐吗？以下的方法，一定可以让你更快乐！

1.保持健康，有健康的身体才有快乐的心情。

2.充分休息，别透支你的体力。累则心烦，烦易生气。

3.适度运动，会使你身轻如燕，心情愉快。

4.爱你周围的人并使他们快乐。

5.用发自内心的微笑和别人打招呼，你将得到相同的回报。

6.遗忘令你不快乐的事，原谅令你不快乐的人。

7.真诚地关怀你的亲人、朋友。

8.别对现实生活过于苛求，常存感激的心情。

9.抓住瞬间的灵感，好好利用，别轻易虚掷。

10.在生活中制造些有趣的小插曲，制造新鲜感。

11.如果心中不愉快，找个平和的方式发泄一下。

12.泡壶好茶，找三两知己，畅谈一番。

13.偶尔忘记你的计划或预算。

14.重新安排你的生活空间，使自己耳目一新。

15.搜集趣闻、笑话，并与你周围的人共享。

16.安排一个休假，和能使你快乐的人共度。

17.去看一部喜剧片，大笑一场。

18.送自己一份礼物。

19.给心爱的人一个惊喜。

20.享受人生，别把时间浪费在不必要的忧虑上。

21.身在福中能知福，也能忍受坏的际遇，且不忘记宽恕。

22.献身于你的工作，但别变成它的奴隶。

23.随时替自己树立一些容易实现的目标。

24.每隔一段时间过一天和平常不一样的生活。

25.每天抽出一点时间，放松身心，使心灵宁静。

26.回忆那些使你快乐的事。

27.凡事多往好处想。

28.关起门来，听几首经典老歌。

29.为你的工作做妥善的计划，使你有剩余的时间和精力自由支配。

30.培养一些新的兴趣，但不要强迫自己去培养。

▶ 《鱼》——活力四射、快乐工作的处方笺

《鱼》是一本哲学书，但这本书不是枯燥的理论说教，而是给大家讲述了一个生动的故事，通过这个故事告诉人们——怎样工作才会更有效。

派克街市场位于美国西雅图市中心，原是当地一个传统的公开市场，至今已有上百年的历史。

派克街市场规划完善、商品齐全，并形成了自己独特的销售方式，现已成为著名的旅游景点，每年有近900万游客到此观光。

派克街市场内的鱼市以精彩的销售方式吸引顾客。

前台售货员将顾客的需要吆喝着告诉后面的工作人员，后面的工作人员一起重复吆喝一遍，并手脚麻利地把鱼像投篮球一样扔向前台售货员，又快又精彩。他们不但为顾客提供了一流的服务，还创造了愉快的购物体验，派克街鱼市场因此而闻名全球。

一天，《鱼》的主人公玛丽·简信步沿着一条街走下去，不知不觉来到一个陌生的地方。爽朗的大笑声引起了她的注意，她惊讶地发现在她的左边有一个市场，路牌上写着"派克街"。玛丽·简走进了派克街，看见一大群穿着讲究的人正聚集在一个鱼市周围，每个人都在开怀大笑。起初，她尽量不受笑声感染，紧锁着眉头，脑海中依旧思考着她的严峻困境。她刚要转身离开，脑海里一个声音对她说：可以用笑声来化解忧愁呀！于是她往前靠近了一些，听到一个鱼贩喊道："下午好，酸奶哥们儿！"然后，围观的人们一边大声答应着，一边一齐向空中举起酸奶杯。玛丽·简想，我的天，今天我碰

到什么了？

这特殊的欢乐气氛对玛丽·简来说，无疑是陌生的，正在她诧异之际，眼前忽然飞过一条鱼。

刚刚飞过去的难道是一条鱼？她怀疑自己是不是眼花了，但随后又有一条鱼飞过去。市场里的工人穿着白色的围裙、黑色橡胶靴，非常容易辨认。其中一个鱼贩抓起一条大鱼，扔向20英尺远的柜台，并高声喊着："一条飞往明尼苏达州的鲑鱼。"其余的工人齐声应和道："一条飞往明尼苏达州的鲑鱼。"站在柜台后的那个家伙单手接住，简直不可思议！人群中又响起一片赞叹声，然后他像一个成功的斗牛士那样向喝彩的人群鞠躬致谢。这里的人真是活力四射！

玛丽·简的右边，另一位鱼贩正在和一个随家长来买鱼的小孩儿开玩笑，他把一条大鱼的嘴巴打开，一张一合地像是在与人说话。另一位稍微年长一些、头发浅灰的家伙则边走边喊道："回答问题，回答问题，专门回答鱼的问题。"而一位年轻的工人则在收银台边上用螃蟹变戏法。看着销售人员对着鱼讲话，两位年长的顾客乐不可支。这个地方太热闹了！玛丽·简感受着，心情放松了许多。

玛丽·简对这个鱼市产生了浓厚的兴趣，随着她与一位叫做朗尼的鱼贩的深入交谈，她慢慢地了解到了这种快乐工作法的意义。

"作为这个小小鱼市的一分子，我亲身经历了这里的变化，正如你刚刚看到的，这些对我的生活产生了很大的影响。我不想向你唠叨我的个人琐事，但我想告诉你，我刚接受这份工作时，我的生活真的是一团糟。这里的工作渐渐地挽救了我的生活。听起来好像我很傻，但我认为我有义务让别人知道我有多么感激，这里的工作能够让我如此快乐地享受生活。你信任我，跟我讲了你的问题，我坚信你能在这里找到答案。我们已经创造了很多的活力。"当他提到"活力"时，又一只螃蟹飞过来，有人带着威斯康星州的鼻音高声叫道："五只螃蟹飞往威斯康星州。"众人齐声应和道："五只螃蟹飞往威斯康星州。"

玛丽·简喜欢上了这个鱼市，从此以后，她一闲下来就跑到这儿看这些快乐的人卖鱼，并从中总结出四条快乐工作法：

选择自己的态度——卖鱼的人都知道，他们每天要选择自己的态度。其中一位鱼贩说："工作的时候，你是什么样的人？你是无奈、厌倦，还是想作出成绩？如果你希望举世闻名，就要做得与众不同。"我们在工作的时候，究竟想成为什么样的人？

玩——鱼贩在工作的时候充满乐趣和活力。我们怎样才能有更多的乐趣，创造更多的活力？

让别人快乐——鱼贩和顾客一道度过了快乐的时光。他们采用吸引顾客的方式创造活力、树立品牌。谁是我们的顾客？我们采用什么方法吸引顾客并使他们快乐？我们相互之间又怎么得到快乐？

投入——所有鱼贩都全身心投入工作。他们教会我们哪些可以让同事之间互相帮助、让顾客参与其中的方法？

《鱼》是一个虚构的寓言故事，但我们坚信这样的故事每时每刻都在世界各地发生着。它可以让你学会热爱自己的工作，即使那是一份你并不喜欢的工作，也能心甘情愿去做，凭借对工作的热爱去发掘自己内心蕴藏着的活力、热情和巨大的创造力。

后记 Postscript

本书得以出版，很多人付出了艰辛的努力，在此，要向他们致以崇高的敬意。

感谢光明日报出版社的各位领导和老师的帮助，感谢北京华夏书网的宿春礼先生、邢群麟先生、李爱莲女士、梁素娟女士、张乃奎先生，他们对本书的选题策划、内容编撰和配套培训课程的开发提出了建设性的意见，本书的顺利出版离不开他们的大力支持！

本书在写作过程中，还得到以下朋友的关怀和帮助，在此一并向他们致以诚挚的谢意：欧红梅、周珊、张艳红、赵一、赵红瑾、齐红霞、赵广娜、张保文、杜莉萍、杨婧、张艳芬、许长荣、王鹏、杨英、李良婷、上官紫微、杨艳丽、姚晓维、刘红强、付志宏、黄克琼、毛定娟、齐艳杰、李伟军、魏清素、何瑞欣、叶光森、徐娜、付欣欣、王艳、黄亚男、曹博、陈小婵、黄文平、李伟、史慧莉、余学军、陈润、李文静、李佳、罗语、蔡亚兰、杜慧、朱夏楠、朱辉、欧俊、王光波、彭丽丽、陈赐贵、孟宁、吴迪、肖冬梅、常娟、杨秉慧等。

感谢以上老师和朋友的帮助，也希望各位读者不吝赐教，使本书日臻完善。

王 平